Manuele Migoni

NOVA ORDEM MUNDIAL

Antologia completa das obras e coletâneas de
Manuele Migoni

Tradução de Victor Cordeiro

Descrição: *antologia completa das obras e coletâneas de Manuele Migoni. Manuele Migoni é autor de três coletâneas:* O LADO ESCURO DO PODER *(onde estão incluídas* "(H)Roma Orma Amor, "Derivas do materialismo espiritual", "Sobre a degeneração do oculto e seu poder", "Sobre o conceito em si mesmo, a Tradição, o Micro e o Microcosmos e "Nas origens do soberanismo")* A CONSAGRAÇÃO DO SUCESSO *(que inclui "A Zona Cinzenta", "Pegadas", "Isto é Itália" e "Terras de Fogo")* e AMORES CRIMINOSOS UMA MORTE SUSPEITA. *Todas as suas obras, por gênero ou categoria, estão dentro do texto* NOVA ORDEM MUNDIAL.

Sobre o autor: *nascido em 1976, publica desde 2006, online desde 2012. Suas crônicas, coletâneas, versos e aforismos pretendem representar a natureza humana em suas inúmeras facetas. Considera o seu livro* O LADO OBSCURO DO PODER *quase como um testamento: sua concepção do mundo. Tradicionalista com T maiúsculo, crítico imparcial de Guénon, gosta de romancistas como Delizzos. Apesar de ter vivido frequentemente em outros lugares, ama especialmente sua cidade, Cagliari, e* ISTO É ITÁLIA, *ainda que seja ambientado em Roma, sem dúvida se refere ao seu lugar de origem.*

De ISTO É ITÁLIA e AMORES CRIMINOSOS: UMA MORTE SUSPEITA, obras deliberadamente tiradas de fatos reais, para uma reconstrução completamente imaginativa. **Edição e criação da obra coberta de Manuele Migoni.**

Sumário

PRIMEIRO LIVRO

O LADO OBSCURO DO PODER

Recompilação de textos do autor

Recompilação de textos do autor. Não apenas um conto "grande" ou mais contos, em O escuro do poder, o que se discute é o sentido do sagrado, cuja constituição principal não é referida a entornos esotéricos ou de poder, precisamente porque se individualizaram no socialismo/comunismo e liberalismo/democracia das não-soluções, em alguns casos, se por acaso estas ideologias poderiam ser um meio para revolucionar as realidades atuais pelo interior, pelo que o poder compreenderia diante de todas as modalidades subversivas, nas suas infiltrações e nos entornos aos que se dirige.

ROMA (H)ORMA AMOR

Aforismos

Pensamento

Impulsionado a expor um pensamento, não tanto por um impulso de provocação, de negação, como por uma chamada à verdade, a uma certeza.

Dialética

Quando a improvisação dialética contém em si um fundo de *persuasão,* de *delírio,* de *descompostura,* é melhor se fixar nos pontos fortes, à *concretização.*

Felicidade

A felicidade é, no fundo, o prazer, a ação de pegar o *essencial* do que foi criado por um mesmo.

Força

Que não aconteça nunca que, por via do julgamento, o verdadeiro *sentir* venha a ser menos; essa força saudável, firme, composta.

Brutalidade

Considerar hoje como normalidade paixões como *inveja*, a ânsia de possuir, os *ciúmes* que resultam em *brutalidade,* seriam como um insulto a si próprio e ao enfrentar a toda a humanidade.

Utopia

Que toda utopia deriva em *fanatismo, terrorismo* e *desintegração,* só a história mais recente bastaria para demonstrar.

Cultura

Uma prática difícil de extirpar é o costume que surge do *eu cultural*, o *eu sei* que trata de se defender mediante ao *detalhe técnico*, a *noção informativa*, sacrificando em seu lugar uma concepção mais ampla, com uma finalidade muito diferente.

Literatura

Especialmente na Itália, a *cultura* se entende mais com o *moda, tendência,* também como ideológica, literária absorção cultural, sem contar o resto.

Comunismo

O comunismo, como instrumento para seus vestígios ocultos, não é mais que resultante consequência, desvalor, abstração ilusória.

Estado

Não é o estado *liberal,* mas o "liberticida" do verdadeiro sucesso da Itália, onde se substitui prepotentemente o indivíduo pela *facção, o clã,* o monopólio. Não é um autêntico senso de justiça para se confiar, somente um *triunfo* ou *compromisso* oportuno.

CONSEQUÊNCIAS DO MATERIALISMO ESPIRITUAL

Aforismos

Povo

Além da memória histórica em seu *DNA*, um povo de transforma em tal sobretudo porque se forja com os *acontecimentos*.

Liberdade

Quanto mais obrigada ao *julgamento,* mais certo de que a arte não precisa de *derrotas.*

Diferença

Somente um límpido *impulso* sentimental poderá nos diferenciar do *desgosto*, da *degradação*, do sacrilégio a princípio de se gerar em si, derivado de um sentido de descuido, de *orgulho*, e *mistificação*, atitudes que consolidam consequências similares e cujas causas não permitem revertê-las.

Revolução

Quando é autêntica, a *revolução* não é um empréstimo do término, a *revolução* é do início.

Consequências

Ingerência plurissecular no âmbito *religioso* e *iniciático*, instrumento, expediente, para as *altas finanças* de onde provém, autêntica desigualdade paradoxal: isto é o que resulta do ser do *comunismo*.

Tradição

Em quanto à *estrutura,* a *tradicional* é a única de se considerar como tal. Em seu interior, os *ensinamentos* e os *instrumentos* para a concepção dos *fenômenos.*

Deus

À humanidade lhe deveria unicamente interessar a relação instaurada durante milênios com suas próprias *divindades*, compreendendo nele sua fenomenologia e viva *representação* e, não fazendo necessariamente dessas *divindades* – em suas escuras declinações – uma representação, um gênero, uma etiqueta.

Oligarquia

Pode ser quanto mais ideal, pois em sua política o *oligarca* identifica sempre o seu representante mais autêntico para logo *corrompê-lo* e *esmagá-lo,* e com ele o seu séquito.

Europa

Para observar um de seus muitos aspectos, hoje se pode dizer que a *Europa* está, em primeiro lugar, afetada e invertida em seu projeto *euroafricano,* devido a que se, por acaso, deveria ter havido uma intervenção na África por parte da Europa, e não o contrário.

Soluções

Se dirige novamente a *trajetória* até os *ideais* clássicos e tradicionais, *legalizam* as drogas e se arma livremente os seus cidadãos e, assim, talvez a Itália poderá entrever um *espiral de luz,* de verdadeira *resolução e mudança.*

SOBRE A DEGENERAÇÃO DO OCULTO E SEU PODER

Fiat Lux

A BELEZA NA ARTE

De uma obra de arte, a princípio, não são tantos os efeitos na percepção que pode atrair, como o interesse circunstancial que você pode obter, quase como se fosse uma tendência ou uma moda.

Portanto, seria necessário, antes de tudo, voltar a um início sem *espaço* nem *tempo,* para uma arte que chegue a captar e faça captar, ainda que seja em tempos, níveis e metodologias diferentes, o sentido mais íntimo da beleza.

A obra de arte poderia ser assim, em sua *percepção,* em sua *mensagem,* o sucesso da *autoconsciência,* diferente, além disso, dos fenômenos relativos aos conceitos de *misticismo* ou *visão.*

SOBRE O CONCEITO EM SI, SOBRE A TRADIÇÃO, O MICRO E O MACROCOSMOS

Iluminação e iniciação

ILUMINAÇÃO E INICIAÇÃO

Premissa do texto

Apesar de que o início de iluminação tenha tido inevitavelmente sua origem em uma fonte luminosa, pode-se dizer que também está iluminado em persegue vias obscuras, porque em seu círculo restrito pode aproveitar vantagens do tipo sapiencial, à margem do restante da Humanidade. Porém isto aos poucos pode-se resultar confuso para esse tipo de pessoa, que precisamente por meio da existência desses iluminados obscuros, obrigando quase ao segredo, para não ceder vantagens ulteriores "potenciais", de uma natureza e finalidade muitos (o autêntico esoterismo tradicional confluído na Santa Igreja Romana, além das suas pluriinfluentes e, desde suas infiltrações originais, mantém uma vanguarda nesse sentido).

Enquanto ao definiremos de entidades *obscuras*, a humanidade – em sua declinação estritamente *exclusivista* e *instrumental* - também poderia seguir um caminho do tipo *iluminista*.

Ou seja, de um resultado mais antigo de *misturas* obscuras de natureza *divina*, aconteceu uma *interferência* a um princípio *luminoso*, para se converter em absoluto, quando inclusive sobre a própria geração humana e, sobre aspectos *sexuais* de natureza retorcida; pervertido os que são os conceitos de ordem e beleza ou, em todo caso, desconcertando-os, *exasperando-os*, pelo feito de que qualquer um, sobre esse tipo de *entidades obscuras,* ao não chegar a compreender o seu alcance real, se transformaria em vítima de sua contratação instrumental.

Nisto vemos patologias como a *pedofilia,* do mesmo modo que resulta na *pornografia,* até formas *ideológico-sociais* que desencadeiam no *caos* e no *descuido.*

A *reverberação* destas complexas circunstâncias se encontra também em relação àqueles corpos doutrinais de caráter religioso, que sempre através de um processo de caráter *ilustrado,* formarão figuras de referência, às vezes inclusive para os opostos *mútuos.*

Algo que em referência ao corpo doutrinário do *cristianismo romano,* vemos hoje em dia o *neojesuitismo,* por exemplo, como fundamentalmente *anticristão.*

NA ORIGEM DO SOBERANISMO

ASPECTOS IDEÓLOGOS E ASPECTOS SUBSTANCIAIS

22/01/2021

Na Europa, talvez apenas um certo *trumpismo* poderia *revisar* os erros cometidos, erros devidos em suma à *contínua* ingerência britânica, mediante ao recente *patrocínio* de um questionável *soberanismo* de massas.

Assim, é válido pensar que o sucesso do Brexit passou por um mal-estar europeu ao que, afinal de contas, o Reino Unido, à margem dos seus costumes e tradições, contribuiu com o propósito, ocultando frequentemente o seu verdadeiro propósito.

Quase faz sorrir que a Itália, diante de *continentes* ou *estruturas* como a América do Norte ou o Commonwealth, possa fazer isso sozinha, através de uma espécie de *soberania* antieuropeia, quando além disso está ilusoriamente estruturada sobre supostas bases *ideológicas*.

Somente da Europa, se acontecesse, poderia se iniciar um *renascimento* que se enfrentaria essas mesmas *estruturas,* em uma perspectiva inevitável de *alianças,* que alcançaria também uma nova e renovada síntese *interna* entre *Império* e *Nação.*

O mesmo ocorreria com as estruturas *locais,* como os conselhos municipais e regionais: alguém continua convencido de que um prefeito ou um governador de uma região, de forma *ideológica* e apenas com o seu conselho, pode gerir e, portanto, tirar da lama, o que nem sequer a Itália seria capaz de fazer por si mesma se, em primeiro lugar, não tem claras as proporções de como se deve levar a cabo a *batalha*?

Portanto, deve o tal prefeito ou tal governador conviver com as *restrições* urbanísticas, com a chantagem, com a imobilidade, se não for com prevaricação.

Não se trata somente de *amadorismo* político ou o que seja, e sim sobretudo de uma forma perigosa e, em termos realmente *construtivos*, de *irrealidade*.

SEGUNDO LIVRO

A CONSAGRAÇÃO DO SUCESSO

Todos os episódios de A ZONA CINZENTA

No característico da obra, seu título, A Consagração do Sucesso, incide sobretudo na proteção de um segredo, quando seu vínculo com alguns casos quase se torna fundamental para que não se chegue a chantagem, a perder, a morrer. Tudo gira entorno destes elementos, uma história de espiões, um thriller de ação que se inspira na realidade mais recente a respeito do oculto, do delito, da gestão de poder, um fio condutor contínuo que sobre esta realidade levará inevitavelmente a analisar seus mecanismos. Exceção feita às cidades como Roma, um aparente paradoxo a respeito dos lugares em que está ambientada, em A CONSAGRAÇÃO DO SUCESSO, *aquele a quem pode se considerar como o personagem principal, o agente britânico de origem italiana Larry Belfiori, mostrará ser o protótipo do anti-007 e, ainda assim, fará um papel a favor da defesa da Itália contra um insuspeito círculo de câmeras escondidas que, desde o Reino Unido, pretendem desestabilizar o tecido econômico e social europeu ao tratar de controlar, limitar e suprimir suas potencialidades e, ainda que se tenha evitado tudo isto, em um cenário quase de anos de chumbo, entre serviços secretos e utilização de criminalidade com um ou terrorista, ulteriores estratagemas de tráfico de drogas e de pessoas, em aparente contraposição com a Itália e a própria Europa.*

A ZONA CINZENTA

O caso Virginia Blade

*Larry Belfiori, ex-oficial da Infantaria Real da Marinha e agora
pago pelos serviços secretos, está tratando com Riley Webb, um
indivíduo proveniente dos maiores profundezas criminosas de Londres.
Armadilhas, enganos e cumplicidade são a ordem do dia.
Aparentemente, a finalidade de tudo isto seria de reforçar e reunir
poderes, responder a solicitações e exigências, obter vantagens...*

1.

Depoimento para o FBI de Jeff Terry, proprietário do Bristol, sobre o assassinato do traficante Matt Calaiò – Nova York, Dezembro de 2016

- Nat Calaiò conhecia muitos segredos de respeito de alguns membros do Departamento de Estado e, por esta razão, muitos deles acabaram desaparecendo.
- Então falamos de assassinatos em série?
- Não acredito: Nat Calaiò não era exatamente um mafioso, e sim uma dessas pessoas as quais poderia se definir como "traficante", se ocupava da intermediação dos carteis do narcotráfico, sobretudo daqui, de Nova York. Norton cometeu o erro de dificultar algumas entregas de droga e armas que deviam chegar a esta cidade, impondo obstáculos inclusive as investigações do DEA, dessa forma a sua morte havia sido para todos continuidade e garantia de negócios e Nat se apressou em matá-lo. O que ainda não entendo é porque também assassinaram Nat. Uma vez ele me falou de uma prisão mexicana, me falou se, por acaso, alguma vez o deixasse de ver...

2.

Conversa entre os agentes do FBI, *Paul Mary e Joseph Nicosia –
Nova York, Janeiro de 2017*

- Para recuperar o dinheiro de Virginia Blade o problema
está resolvido, Pete Norton abriu a conta no Panamá e, por
pedido expresso da comissão, procedemos requerimento no
procedimento de desbloqueio; em todo caso, Pete Norton e
seus sócios lhe haviam proporcionado outra identidade,
mediante a qual Virginia Blade em sua nova vida seria nada
menos que Eleanor de Bethencourt, como indica em sua
conta; verificamos se, por acaso, Eleanor de Bethencourt
corresponderia a outra pessoa que não fosse Virginia Blade,
mas em nossas investigações não aparece nenhuma Eleanor
de Bethencourt desaparecida e, de fato, as que estavam vivas
até pouco antes de sua morte eram nascidas em dias, meses
e anos diferentes dos indicados na informação dada por Pete
Norton sobre Virginia Blade, se faz sentido o celular de
Larry Belfiori; haveria que entender o porquê, ou seja, o
motivo pelo qual quis se expor desta maneira, sabendo
muito bem que, apesar da devolução do dinheiro,
poderíamos acusá-lo.
- Se refere por acaso a Larry Belfiori, o agente britânico?
- Isso, temos uma gravação telefônica dele, escute um
pouco:

*- Não há motivos para suspeitar de nenhum dos nomes que você
implicou nesta história; sobre Virginia Blade, você deveria ter
imaginado, era toxicômana, algo não funcionou como devia e morreu, e
nossos Merries e Webb, que cada vez vinham vê-los estavam sempre*

controlados, talvez assustados, saíram com o rabo entre as pernas e não é certeza que com as mãos vazias; mas, também entre eles algo deu errado e neste momento é melhor devolver a cifra subtraída a Virginia Blade depois da sua overdose para que Merries e Webb fiquem em liberdade; dito isso sobre a morte de Virginia Blade, para garantir que o caso seja arquivado, fomos ao lugar do delito para infligir as 13 punhaladas sobre um corpo já falecido até que coisas se ajeitassem; agora chegou o momento de esclarecer as coisas e estabelecer as causas reais que levaram à sua morte; sem dúvida não será fácil explicar o porquê das punhaladas, mas temos certeza da overdose, então encontrem um médico honesto que esteja disposto a fazer a autópsia; agora tenho que ir, recuperem o quanto antes o dinheiro que pertenceu a Virginia Blade.

3.

- Em confiança, será um agente de primeiríssima
importância, agora não sei, mas pessoalmente nunca ouvi
falar dele – concluiu.

Não sem dificuldades, o promotor do distrito Brian
Richardson se encarregou de reunir o máximo de
informação de delegados e membros da CIA.
Mas, como se podia prever facilmente, em torno da figura
de Larry Belfiori só havia um muro de silêncio.
Sobre o caso relacionado à morte de Virginia Blade, por
parte dos agentes Mary e Nicosia, frequentemente
começaram a ver como o secretismo, o mistério que rodeava
a figura do ex-oficial da Infantaria Real da Marinha,
justificava o feito de haver podido agir sem ser incomodado
em suas atividades, quase de forma atrevida.
Sabia o que fazia e com quem podia contar.
O suspeito era o desaparecimento de uma vultosa
quantidade de dinheiro. Era um homicídio? E o quê ele
encontrou no modo, já que fosse real ou suposto, de dar a
entender de que não se tratava de um furto e tampouco de
um homicídio.
Do que se podia acusar a Larry Belfiori em suas
atividades?
Havia agido totalmente como um agente secreto e sobre o
corpo morto de Virginia Blade não havia nenhum rastro
dele.
Além dos depoimentos de Jeff Terry, Mary e Nicosia
podiam investigar se por acaso a probabilidade de que a
morte do agente da CIA, Pete Norton, estivesse muito
relacionada com a figura de Larry Belfiori.

4.

*Agentes do FBI conversam com o juiz londrino Neil Price —
Londres, Fevereiro de 2017*

- Verão, é possível que conhecesse o seu homem em
circunstâncias totalmente insólitas, ainda que seja apenas
porque não soube dizer com certeza se foi ele ou outro o
que me chantageou, mas o fato de minha eleição como
prefeito foi literalmente comprometida por esse indivíduo,
ou por quem agiu para ele e, portanto, certamente por
indicação de alguma eminência política relevante, me deu
muito o que pensar, sobretudo porque, antes das eleições,
uma prioridade que havia imposto a mim mesmo era de
fazer uma limpeza em alguns bairros de Londres, ou seja,
prender personagens como Riley Webb e o fato é que, na
ligação chantagista que recebi de Larry Belfiori ou em seu
nome, me indicaram precisamente ao grupo de Riley Webb
como um grupo ao qual não deveria se incomodar, e sim
deixá-lo fazer. Mas não sei se são conscientes de como foi
exatamente o assunto.

- Houve rumores de que se fez uma chantagem por umas
fotos bem acima do tom com uma certa Elene e que se viu
quase obrigado a perder.

- Vejo que estou em boas mãos, mas acredito que só
souberam disso em círculos muito restritos, por isso não
tenho nada a temer, nem por minha integridade como
marido, nem por minha reputação em geral.

- Leva um tempo, Dr. Price, mas pode ficar tranquilo. Por
outro lado, pode depender sobretudo de sua implicação com
o "clã" Belfiori, exatamente por ter cedido à chantagem.

- Até o final continuei recebendo testemunhos de

consenso, de estima, apesar de já ter pensado na derrota. Mas este fato não podia senão me fazer pensar a fundo sobre quem queria quis na verdade me afastar e porquê. O porquê era o ódio, me pareceu claro desde o início, mas sobre quem me fez refletir, investiguei sem chegar a uma conclusão.

- Achamos que Belfiori, com o resto dos seus homens, entre eles portanto Riley Webb, estão por trás da morte de uma cantora, Virginia Blade, da qual se seguiram outras mortes, todas envoltas no mais total mistério. Riley Webb esteve implicado diretamente, ainda que, segundo o mesmo Belfiori disse, que não foi ele quem a matou, e sim que simplesmente morreu de uma overdose, só que, evidentemente, depois do desaparecimento de uma grande soma de dinheiro, o mesmo Belfiori quis ver isso claro e mutilou o cadáver de Blade como se fosse um homicídio; agora é de vital importância para nós saber com exatidão como e por que o mesmo Belfiori se encontrava ali, a àquela hora, junto ao local do delito e como e por que pôde agir sem incômodo em sua alteração de provas e também por que Riley Webb, como ele mesmo nos confirmou, passou de ser um simples delinquente dos submundos londrinos a se encontrar nos Estados Unidos colaborando com Pete Norton, agente da CIA, para investigar o desaparecimento de uma cantora; investigação que durou até a morte da mesma cantora, certamente com total sucesso.

- Perguntas mais que lógicas as quais está claro que não posso mais lhes dar resposta, mas faz pouco tempo que sigo Larry Belfiori, pelo fato de que ele possui agora essas fotos que, até que eu consiga recuperá-las, fazem com que minha posição como juiz, além de como político, fique muito comprometida.

- Bom, seria útil a nós, juiz, saber simplesmente onde está.

- Se lhes contasse o que é que faz Larry Belfiori na realidade durante, vamos dizer assim, seu "serviço", não acreditaram em mim, porque no fundo não tem o porquê de se surpreender.

- O quê? Explique-se.

- Neste momento, por encargo de algumas multinacionais, está trabalhando para trazer imigrantes clandestinos diretamente dos seus lugares de origem ou ao menos da Líbia e do Egito, fazendo-o de uma maneira que não entrem no Reino Unido. Segue completamente a logística desses lugares, mediante colaboração de diversos traficantes e reparte os clandestinos sobretudo em outras nações europeias.

- Mas deve haver uma sede de onde dirige tudo isso.

- Sim, tem sua base em Bruxelas, precisamente a poucos passos do Parlamento Europeu, mas, que fique claro, senhores: Posso confiar em vocês no que diz respeito à recuperação dessas fotos?

- Fique tranquilo, juiz, é um dos motivos pelos quais se faz necessário encontrar Larry Belfiori o quanto antes.

- Minha secretária lhes dará logo os endereços exatos onde reside Larry Belfiori, serão mais de um pois normalmente costuma mudar de lugar e de domicílio e sempre está controlado por nós.

5.

Bruxelas, Março de 2017

Desde o primeiro momento, para descobrir realmente de que natureza eram as ações de Larry Belfiori, se pensou em uma armadilha, mas, apesar dos microfones e câmeras escondidos, não se descobriu nenhum contato com contrabandistas ou criminosos de outro tipo.

Até que um dia, que para os agentes se apresentava como o enésimo que iria transcorrer entre cafés, cigarros e um contínuo sorver de bebidas, uma explosão no interior de seus muitos andares facilitou o que logo resultaria ser a sua fuga.

Era como se de repente o espionado não fosse Larry Belfiori e qualquer um que tivesse estado ao seu lado, e sim os próprios agentes que o vigiavam.

Se realizava assim uma investigação improdutiva para colher informações da fronteira belga, da França e de outros países limítrofes, mas ninguém parecia saber onde se encontrava Larry Belfiori.

O habitual era passar horas no que os agentes do FBI haviam identificado como o seu escritório.

Que se encontrava dentro de uma de suas moradias.

Nestas casas, fora ele, a única pessoa que tinha sempre livre acesso era a quem se supunha ser sua mulher.

Que após investigações mais profundas se descobrirá que era Danielle Hudson, cidadã belga e norte-americana.

Mas também podia ser um nome falso, para despistar.

Os agentes sabiam onde se alojava e estranhamente ela também não tinha contatos com outras pessoas diferentes de Larry Belfiori.

Apenas para passar com ele alguma noite, não costumavam conviver; ela tinha a sua casa, da qual ela pagava o aluguel.

Fora algum beijo excepcional (que os agentes logo relacionaram sobretudo com o fato de que os dois sabiam que estavam sendo espionados) no interior das paredes domésticas, não havia nada que fizesse pensar que foram um casal, nem um contato, nem uma discussão concreta.

E os agentes queriam ver até que ponto Danielle Hudson era uma cúmplice.

Estiveram a postos durante dias em frente da que então deveria ser sua casa.

Finalmente notaram algo: um homem, não muito jovem, que entrava no apartamento, forçando rapidamente a fechadura da entrada.

Imediatamente, Joseph Nicosia, de acordo com Paul Mary, pôs a roupa de agente de polícia e, fazendo uso de seu francês quase perfeito, se preparou para deter, prender e eventualmente interrogar a quem em condições normais poderia ser considerado como um ladrão sob todos os efeitos.

Convencidos os agentes de que em um apartamento como esse não se podia tratar de um ladrão, decidiram agir de imediato.

Pelo contrário, incrivelmente, se dará um breve tiroteio do qual ambos saíram ilesos e logo os agentes procuraram encontrar alguma pista adicional depois de que seu objetivo tivesse que fugir a pé.

Mas não sucesso algum, nem na busca do fugitivo, nem nas pistas, impossíveis de encontrar nos móveis e portas do apartamento.

Um detalhe que lhes tinha passado por alto era que o

homem usava grossas luvas de pele.

Em todo caso, um detalhe de pouca importância, porque o importante seria prendê-lo.

Podia ser um homem de Larry Belfiori e, pelos indícios, não se averiguou grande coisa.

Mas o FBI chegou a uma comunicação através da Internet, onde se especificava que o homem em questão se encontrava nesse apartamento para uma operação encoberta, em relação com a investigação secreta promovida pelo juiz Price em seus enfrentamentos com Larry Belfiori.

Além disso, acabou que alguém havia contatado a polícia de Bruxelas para saber se algum agente da polícia se encontrava nesse apartamento para impedir um roubo, e lhe disseram que não havia nenhum agente em uma operação similar.

Isso explicava o enfrentamento com os homens de Paul Mary.

Fizeram o retrato falado do homem com quem Joseph Nicosia havia cruzado, um homem aparentemente do serviço secreto britânico, contra quem formularam acusações com não poucas dúvidas.

6.

- Se trata das fotos, agente Mary.

- As fotos de sua chantagem?

- Sim, isso. O que mais me surpreendeu foi o fato de que tenham adicionado uma mensagem às fotos: parece que consideraram necessário me fazer saber que a devolução destas fotos é uma mera e simples formalidade, quase uma bobagem, porque de todo modo poderiam ter mais cópias; o senhor como entenderia isso, como uma tentativa, uma solicitação para por fim a esse assunto? Minha impressão é essa.

- É provável, Dr. Price, que nossos suspeitos saibam quem somos e de igual forma saibam que inclusive os estamos vigiando e esta carta, lhe digo logo, chega exatamente no dia em que conseguimos do promotor Richardson a autorização para proceder a respeito desses indivíduos; não apenas Larry Belfiori, mas também seus possíveis comparsas Webb e Merries, de quem ainda sabemos pouco ou nada; suponho neste momento que as informações, o e-mail que chegou a respeito de um agente britânico que agia incógnito à sua solicitação, não vinham do senhor?

- Na verdade, não. Do que estamos falando?

- Era o que eu pensava, agora tenho a certeza de que Larry Belfiori sabe tudo de nós, de nós e também do senhor, Dr. Price; deve saber que o motivo principal pelo qual vim aqui hoje, além da carta, da qual soube através de um SMS, é sobretudo pelo e-mail que lhe dizia, que parece chegar por sua conta diretamente à sua sede em Nova York; o senhor, além de não ter enviado este e-mail, falou com alguém desta carta ou pediu a algum de seus homens que avisaram a aquele da existência e da chegada desta carta suspeita?

- Agente Mary, eu não esperava nem sua presença aqui hoje, sobretudo em relação à carta, nem muito menos (nem sequer minha secretária, que recebeu o encargo de me entregá-la "fechada") nunca mencionei esta carta a ninguém, somente ao senhor depois que o senhor mesmo a havia mencionado.

- Então, está tudo claro para o senhor?

- Eu diria que sim.

7.

Depois das indicações/testemunho de um agente britânico –
Londres, Maio de 2017

O lugar era um daqueles que não se recomendariam a ninguém.

Um velho escritório de gás junto ao Tâmisa, lugar onde se realizavam os negócios mais turvos.

Em uma mistura de odores entre petróleo, gasolina e carne anda o mal.

Os agentes Mary e Nicosia sabiam muito bem que o suposto chantagista do vídeo não sairia com vida.

Com David Lobowicz presente.

-FBI – se ouviu ao longe a voz de Paul Mary.

- Escute, estas são coisas que normalmente resolvemos entre nós e logo os senhores, os do FBI, aqui em Londres; o que significa isso? -replicou David Lobowicz.

- Então o homicídio também se encontraria entre suas práticas resolutivas?

- Olhem...

- E também resolveu desta forma as coisas com Virginia Blade e Pete Norton? – O estupor rodeou David Lobowicz e seus homens por um momento, enquanto Paul Mary e Joseph Nicosia se aproximavam lentamente.

- Só queremos conversar – continuou Paul Mary – e esclarecer algumas coisas.

- Bem, agentes, mas e o vídeo?

- No momento tenho que lhes pedir que deixem suas armas no chão: há franco-atiradores por todas as partes e homens prontos para entrar em ação, estão cercados.

- E do que poderiam me acusar? – David Lobowicz
sorriu, indicando com um gesto aos seus homens que
deixassem suas armas no chão.

- Larry Belfiori, trabalha para o senhor? É um dos seus?

- Queria que pelo menos me mostrassem uma cópia do
vídeo, se não lhes incomoda.

- Antes terá que responder algumas perguntas, Sr.
Lobowicz.

- Não sei como chegaram até a mim, quem lhes mandou
aqui, mas não acredito que eu tenha muito o que dizer sobre
os nomes que me deram.

- No entanto, nós achamos que o senhor sabe mais do
que nos quer fazer acreditar.

- Virginia Blade...acredito que havia alguém que a
perseguia, uma dessas pessoas que se divertem matando
estrelas.

- E Larry Belfiori, Pete Norton, Nat Calaiò, Inclusive
alguns homens do ministério?

- Posso falar a vocês de Pete Norton, que se encarregou
de protegê-la: é possível que quem o matou foi o mesmo
homem que perseguia Virginia Blade.

- Me está dizendo que este homem conseguiu matar Pete
Norton no interior de um edifício de segurança máxima?

- Em todo caso, quero este vídeo!

- Se não nos disser que papel o Larry Belfiori tem em
tudo isso distribuiremos este vídeo a todas as revistas mais
importantes do Reino Unido.

- Em menos de uma hora, diz? E sabe quem em menos
de uma hora poderia cancelar a publicação?

- Então por que ter problemas e pagar por este vídeo?

- É algo que não lhe importa.

- Quererá dizer que, além da publicação do vídeo, se falará

também de uma estranha união entre famílias importantes e serviços secretos corruptos, dando nomes e sobrenomes, incluindo os seus e o de Larry Belfiori, assumindo uma nova versão sobre a morte de Virginia Blade.

- Este vídeo não chegará às mãos de nenhuma revista.

- Tem certeza? Poderia pará-lo em seguida, mas de fato já haveria saído?

- Em suma, Belfiori; querem Larry Belfiori, querem saber se trabalha para mim? Não, não trabalha diretamente para mim, mas nos ajuda.

- Em quê? Tráfico de imigrantes, drogas, armas, chantagens a políticos, a juízes?

- São coisas das quais ao menos deveria me trazer algum indício de prova, não acha?

- Temos uma gravação onde Belfiori nos fala em seu celular sobre a morte de Virginia Blade, que Webb e Merries são seus homens e que foi uma morte acidental, por overdose.

- E então, de que estamos falando?

- É sobre Pete Norton e Nat Calaiò, duas mortes mais que suspeitas?

- Escutem, agentes! Esses dois podem ter tido problemas que não tenham nada a ver com a morte da cantora, não acham?

- Ao menos queríamos falar com Larry Belfiori.

- Para quê? Para prendê-lo? Agora mesmo lhes mandaria vê-lo, mas que garantias me dão?

- No momento, seria importante pelo menos falar, poderá vir em presença de um advogado e nos limitaremos a tratar unicamente do caso Blade-Norton.

- E o vídeo? Quem me garante que não é uma armadilha?

- Se você fala de armadilhas, Mr. Lobowicz, em todo caso

estão à ordem do dia aquelas que o senhor e seus homens fazem com quem incomoda em suas operações.

- Sim, sim. O normal nos policiais.

-Não acredito que Larry seja imputável por estes fatos e, quanto ao resto, deveria saber que aos poucos participa do jogo.

-Apenas uma conversa normal, depois da qual o mesmo Belfiori poderá recuperar o vídeo.

- Farei com que se reúnam com Larry Belfiori, mas esse vídeo deve aparecer, entendido?

8.

Interrogatório do agente Paul Mary a Larry Belfiori – Londres, Julho de 2017

- Então, Mr. Belfiori, além de estar implicado no homicídio de Virginia Blade, temos fortes suspeitas de que o senhor gere um enorme fluxo de dinheiro e imigrantes clandestinos da África e Ásia, além de se rodear de indivíduos como Webb e Merries para comandar o tráfico de drogas e outras coisas bastante graves.

- Não queria parecer presunçoso, agente, mas se existe algo que tenha que ser dito, aqui e agora, é precisamente que nos, ou seja, todos, os senhores e eu, queremos a mesma coisa.

- Explique melhor o que quer dizer, Belfiori.

- Antes de tudo, como se pode pensar que possa ser tão ingênuo para telefoná-los revelando a presença de Webb e Merries em um caso onde eu poderia me arriscar a passar a ser o principal suspeito do assassinato de Virginia Blade? Isso não lhes diz nada? Talvez tenham subestimado frequentemente o fato de que poderiam me incriminar, injustamente em minha opinião; e por quê? Lhes pergunto: No caso de Virginia Blade há mais coisas: Está o fato de que eu encontrei a maneira de fazê-la fugir precisamente porque alguém a perseguia. Eu explico: David Lobowicz queria que eu a matasse e me deixou fazê-lo, para que terminasse o quanto antes, mas eu queria que Virginia Blade continuasse vivendo, também para ter uma arma a mais contra David Lobowicz e, entretanto, estava vigiando atentamente o outro filão de investigações, o relativo a um seguidor fantasma de Blade por conta de uma seita, não lhes diz nada a hipótese de uma seita?

- Sim, poderia estar entre nossas possibilidades, mas continue.

- A mando desta seita homicida se encontram alguns personagens aos quais ainda sejam difíceis identificá-los, sobretudo devido ao fato de que entre eles estava, ou neste caso, pode ter estado, o principal mandante de operações similares e tudo isto em seu interior é habitual ter que captar um adepto, em particular das classes cultas da sociedade, com a finalidade de captar sua vontade e também, além disso, para justificar a finalidade da própria seita, acredito que mediante ao sonho de um patrocínio ou ao menos um benefício pessoal.

- Então o senhor havia se posto a serviço para David Lobowicz para averiguar mais sobre esta seita? O mesmo David Lobowicz era parte dela ou o era na época?

- Não David Lobowicz, mas seu filho Tim, e aqui vamos ao cerne da questão: É possível, ainda que eu acredite ter certeza disso, que quem perseguiu Virginia Blade não fosse Tim Lobowicz, e sim um aparente inimigo, tudo foi pensado e planejado para ter como fim atacar casais de amantes, namorados ou qualquer um que nesse sentido pudesse ter algo para dividir, e em particular uma criança; é possível que o assassinato de Virginia Blade por um novo adepto coincidisse sobretudo com uma chantagem. O mesmo valeria para Tim Lobowicz, ao enfrentar outro adepto e com outro celular, tudo isto pensando que Virginia Blade, algo bastante difícil de acreditar, estivesse esperando um filho de Tim Lobowicz.

- É o vídeo de Tim Lobowicz em companhia do *boss* e de prostitutas? Tem algo a ver com este assunto?

- Fui eu mesmo, através de um conhecido, e os deixo

imaginar que tipo de pessoa é, o que fez aparecer para os senhores: De todos os modos, fora isto, eu controlava todos os seus movimentos.

- Para quê?

- Abrir uma fenda em torno de Lobowicz, ganhar tempo.

- E o que acontece com as outras mortes?

- Devo dizer que isto não é fácil, nem mesmo para mim: fiz David Lobowicz acreditar que matei Virginia Blade e também Pete Norton e Nat Calaiò, mas não foi assim.

- Então quem o senhor acredita agora que matou Virginia Blade e como?

- Deveria aceitar como verdade, a versão que lhes dei com ocorrência da devolução do dinheiro que pertencia a Virginia Blade; morreu realmente por uma overdose, em um momento de distração dos meus dois homens, Webb e Merries; e quanto à morte de Pete Norton, ainda não entendo o que aconteceu, e o mesmo acontece com Nat Calaiò e os desaparecimentos posteriores; tenho certa dúvida do que chegaram até Pete Norton, pela forma como morreu, identificado como responsável pela fuga de Blade, sobre Nat Calaiò, sei ainda menos que os senhores.

- Então tinha estreito contato com Pete Norton?

- Sim, já Webb e Merries, cedidos com os colaboradores da justiça, por assim dizer, sabiam muitas coisas do submundo londrino em contato estreito com as elites do poder e não podia, não podíamos nos permitir, como estado anglo-saxão, tratá-los como criminosos comuns, então decidimos expatriá-los exatamente através de Pete Norton, que foi seu avalista; me servi dele, de Pete, para o caso Blade, para fazer fugir ao perseguidor e também para evitar as pretensões de David Lobowicz.

- Uma última coisa. Aqui temos tráfico de drogas,

imigração clandestina, um juiz chantageado e provas, sejam
o que sejam, ainda sem verificar, como vamos expô-las?
   - Posso utilizar os meios ilimitados que segundo parecem
me permitir fugir de qualquer controle, mas os motivos
sempre estão relacionados a permanecer fiéis ao nosso papel
é fazer o que importa de verdade.

PEGADAS

Sequência de A ZONA CINZENTA

Obrigado a fugir para outro lugar, fugindo de verdades incômodas, Miami não bastou para Riley Webb, não lhe bastou a CIA, não lhe bastou Katrina Zarkoskaya "Elene". E os agentes do FBI que estiveram com ele precisaram de algo muito diferente de um limite delitivo e uma montagem arriscada. Algo havia escapado, havia alguém a quem não haviam tido em conta. Mas em certos níveis é difícil tomar iniciativas sem esperar respostas. Sobretudo quando estão em jogo cifras e fundos públicos, as apostas não podem ser limitadas a uma simples hipótese. Mais que provas de fato, dados objetivos, foi como uma intuição de que algo estava chegando. Talvez, como uma inócua piada do destino, como um insólito justiceiro, acabou o partido chegando à verdade?

1.

- Riley, é você? Está maluco?

- O aparelho do qual estou te ligando é seguro, tanto para o que liga como para o que responde, eu nunca fiz algo assim.

- Onde você foi parar? Você está bem?

- Bem, estou bem, estou esperando.

- Esperando?

- Estou em Miami, esperando que a situação se esclareça.

- Em que sentido? Explique.

- Moro em um apartamento justo fora da cidade, me esquivei de todos, polícia, FBI mas, como você sabe, não podemos nos permitir uma distração.

- Imagino, ouvi falar. Muito trabalho por aí?

- Não é o que você acredita, estou quase obrigado, por sorte me livrei de David Lobowicz, parece que o FBI conseguiu o que queria.

- Então quer dizer que Larry também.

- Sim, mesmo que em algum momento não entendi a que estava jogando, se nos usou ou se safou. Ainda está em contato com ele?

- Te serve para alguma coisa?

- Não, como quiser, o FBI estava te cercando, fiquei com um Cadillac, mas penso em escapar para voltar a Londres, te liguei exatamente por isso, deveria me contar algumas coisas.

- Volto logo a Moscou, lá sempre encontro alguém que me dá trabalho.

- Trabalho de que tipo?

- Só alguns assaltos.

- E o resto? Serviços?

- Não. Depois de Larry, acredito que os serviços acabaram por enquanto.

- Ok, será conveniente ficarem tranquilos durante um tempo. Queria estar contigo aqui em Miami.

- O quê? Eu te ver?

- Já sei que você pode ter problemas, as viagens, os controles.

- Você disse em Miami? Vou ter que pensar.

- Está bem.

- Ok. Abraço.

- Tchau.

Elene interrompeu a ligação, subiu no carro e dirigiu ao longo da praia de Miami.

Elene, a loiríssima Elene.

Se era necessário, ladra impiedosa, envolvida em múltiplos negócios e tráficos.

Um apoio importante para Riley.

Um apoio sobre o que recomeçar.

Mesmo, assim, ele começava a gostar de Miami.

2.

Miami, Dezembro de 2017

Tudo estava pronto.

Bagagem, passagens, documentos.

Katrina Zarkoskaya, "Elene" para todos, sem dúvida não se contentaria com uma simples colaboração a vir a Miami.

E quanto à si ela era consciente de que começava do zero, é que portanto tinha que resolver certos assuntos, dentro de si tratava de descobrir os motivos pelos quais o grupo que havia se tornado parte havia se dissolvido dessa maneira.

Esperava que Riley Webb pudesse lhe dizer alguma coisa.

Algo importante.

Uma série de informações que uma após a outra levaram a concretizar melhor um mosaico de verdades: o porquê da misteriosa prisão, de onde provavelmente foram deportados alguns homens do ministério; as causas reais, além dos verdadeiros executores, dos homicídios de Pete Norton e Nat Calaiò; o papel dos membros da chamada *Order of Supreme Sacrifice*, entre eles Tim Lobowicz, filho de David; perguntas, interrogantes, para as quais ainda não havia respostas adequadas.

- Você está bem.

- Estarei melhor quando souber o que é que realmente aconteceu.

- O que quer dizer?

- Falamos em breve; agora vamos embora antes que alguém nos veja.

Enquanto saíram do aeroporto, ambos subiram no XLR

preto, dispostos a se dirigirem para fora de Miami, na casa, distante e isolada, de Riley Webb.

Durante o trajeto, somente alguma menção à viagem e olhares cautelosos de circunstâncias.

- O lugar é muito bom e pelo menos estaremos seguros.

- Depende, Elene, me diz então o que é tão importante – respondeu lhe olhando diretamente nos olhos, como para mandar que se sentasse.

- Por que você se encontra nessa situação? Virginia Blade, David Lobowicz, você, aqui: acompanhei o caso nos jornais, e Larry, por quê? O que aconteceu? A seita, esses mortos, esses desaparecimentos, por que de uma vez perdemos nossos negócios.

- Tudo começou com esta cantora...

- Riley titubeou.

- Vai em frente. Me diz.

- Larry me tirou de Londres, em direção a Nova York, me captou através de um de seus homens de confiança da CIA.

- Não seria Pete Norton?

- Exatamente, depois de um período de formação...

- Por que Larry te entregou à CIA – interrompeu.

- Queriam me eliminar, me prenderam e segundo Larry inclusive poderia ter falado.

- Ok

- Mas ainda podia ser útil a eles sobre a cantora...na verdade não está claro sequer para mim.

- Ou seja, como está morta, para quem realmente a tenha matado.

- No que diz respeito à sua morte, vimos ela morrer em nossos braços, em alto-mar, a bordo de um iate; é possível que antes da nossa partida da Costa Rica adquiriu uma dose de heroína que logo se tornou fatal.

- Não tem certeza? O fato de que foi abandonada em uma praia faria pensar outra coisa.

- A ideia foi de Jacques Merries: encontramos seu dinheiro, que não era pouco e, com um iate a nossa disposição, uma hora propícia para tentar fugir, mas Larry percebeu tudo e nos prendeu, apenas Jacques Merries escapou e provavelmente levou o dinheiro com ele.

- Ou seja, de Jacques Merries, nem você e nem Larry sabem onde foi?

- Nós perdemos todo o seu rastro, mas acredito que no fundo Larry logo teve que pensar em outras coisas.

- Resumindo, tudo está bem, não podia estar melhor – se perguntou perplexa.

- Sim, eu diria que sim, talvez sobre certas mortes...

- O que quer dizer?

- Larry afinal de contas queria descobrir quem realmente matou tanto Pete Norton como Nat Calaiò, e estava investigando sobre os desaparecimentos da prisão mexicana. Tudo apontava para a seita, sua colaboração com a gente e com David Lobowicz era um contínuo investigar e ganhar tempo.

- O quê você sabe desta seita? Estão por trás das mortes e dos desaparecimentos, queriam de verdade a morte de Virginia Blade ou a de alguém mais?

- É difícil saber com exatidão, mas ninguém da seita fala, nunca saberemos nada com exatidão. O que acho é que a seita se serviu de alguns personagens dos submundos nova-iorquinos, além de Tim Lobowicz.

- O que quer dizer? Explique melhor.

- Se sabe que Tim Lobowicz era um dos seus membros. Tudo coincidia perfeitamente com o fato de que Virginia

Blade esperava um filho de quem Tim Lobowicz, para todos os efeitos, era o pai, um fato que contrariou David Lobowicz. Talvez os ritos iniciáticos da seita supunham assassinatos de crianças ou casais de apaixonados.

- E o que mais?

- Em todo caso, Virginia Blade foi posta sob nossa e a de Pete Norton através de Larry que, entretanto, colaborava com David Lobowicz. Acredito que a seita seguiu atentamente os movimentos de Pete Norton, que se serviu de Nat Calaiò para matá-la, e que logo matou ao próprio Nat Calaiò e acredito que nesse momento fez disparar também contra os homens do ministério. Tenho dúvidas sobre David Lobowicz: é possível que a seita o tenha deixado fazer até que matasse Virginia Blade, o qual foi o mesmo chefe da seita. Isto é o que faz com que eu me pergunte se, Elene, não está me dizendo toda a verdade, mas depois de tudo não te conheço o suficiente para não poder achar que você pertence a eles e que está aqui para saber mais.

- A eles, os assassinos?

- Não, ao FBI, a Larry Belfiori.

- Talvez eu já tivesse acabado contigo — respondeu a ele bastante irritada.

- Então posso ter certeza?

- Claro, mas não poderia talvez me contar mais?

3.

*Prisão de Riley Webb, Katrina Zarkoskaya com interrogatório
posterior por parte do FBI – Miami, Fevereiro de 2018*

- Sabemos bastante coisa, inclusive algumas conversas que
teve com Larry Belfiori.

- Conversas?

- Não pode negar o fato de que Larry Belfiori é
apaixonado pela história, pela crônica judicial e pelo cinema.

- Imagino que o senhor terá uma pergunta concreta,
agente, porque não existe nada contra mim – replicou Riley
Webb, ao não ter encontrado nos agentes efetivamente nada
que pudesse ser atribuído a ele alguma atividade ilícita que o
implicasse desde o momento que as somas de dinheiro
encontradas em sua casa podiam se justificar inclusive para
sua simples sobrevivência.

- O senhor conhece, agente, minha situação, me pergunto
como chegaram até aqui, me seguiram durante meses ou
seguiam Elene? Ela tem talvez algo a ver com Larry Belfiori?
É que quer me fazer pagar por algo que já não importa?

- Tem razão, Webb, Larry Belfiori já pouco ou nada
importa.

- Mas talvez lhe falaram dos acordos entre mim e Larry?

- Conhecemos sua situação, Webb, soubemos dela por
Larry Belfiori, mas também gostaríamos de saber
exatamente sobre Larry Belfiori, sobre suas investigações
sobre a seita e, portanto, sobre a morte de Virginia Blade e
as relações que tem com David Lobowicz, se eram talvez de
cumplicidade sincera ou para fins de outro tipo; fins que
eram então os que agora ele tanto reivindica, talvez para sair
limpo.

- Existe algo mais do outro agente?

- A morte de Virginia Blade se deu realmente por overdose? Jacques Merries também participou?

- Jacques Merries escapou de Larry Belfiori, certamente levando o dinheiro, Virginia Blade morreu em nossa presença em um iate no Panamá, levava com ela a heroína que não sabíamos que tinha.

- Era David Lobowicz o chefe da seita? Talvez quisesse a morte de Virginia Blade por causa do filho? Havia algum motivo concreto para se manter nas mãos de Tim Lobowicz e o resto de sua família?

- Por causa da colaboração de Larry Belfiori fiquei, pouco tempo, com os Lobowicz, mas evidentemente não me quiseram em seus negócios e me *liberaram* sem problemas.

- Você sabe que temos as declarações de Larry Belfiori frente ao juiz Neil Price de como Katrina Zarkoskaya e você tinham agido por conta de Larry Belfiori e David Lobowicz na chantagem ao ex-prefeito para lhe fazer perder as eleições?

- Nós só queremos resolver o caso, queremos saber de qual pasta estão feitas as afirmações de Larry Belfiori, se são suficientes para uma possível prisão, ou se desde o início agiu sempre como um verdadeiro 007. Nos conte algo que nos faça entender melhor sua situação pessoal e a de Larry Belfiori.

- Seria conveniente para mim neste momento dizer que Larry Belfiori sempre agiu como fachada, mas não ligue para mim, não é apenas conveniência, ainda que a respeito do resto eu mesmo tenho dúvidas e meus conhecimentos neste caso são bastante limitados, o que é mais certo sobre Larry Belfiori é que não vi nada que me pudesse fazer entender melhor certas mortes, certos desaparecimentos, porque

estamos falando destes desaparecimentos, não agente; a
princípio me limitei a executar tudo o que me diziam para
fazer mas, claro, não sabia exatamente com que intenções e
nem sempre estávamos fazendo coisas legais e claras, e isto
dar de si, certamente Larry Belfiori, adequando-se às
estratégias de David Lobowicz, queria chegar a outra coisa
ou talvez, na verdade, o seu tenha sido para todos os efeitos
um apoio a estes mesmos negócios, pelo qual quisesse se
livrar de Virginia Blade, mas se Virginia Blade não tivesse
morrido imediatamente e pudesse escapar, sua morte se
daria de outra maneira...

- A seita, senhores? Os desaparecimentos?

- A seita, como uma frágil operação de distração, seria
então uma invenção da delinquência norte-americana, não
acha, agente? Talvez estejamos falando de pessoas muito
diferentes de Larry Belfiori e não de uma simples máfia...é
possível que o contexto seja diferente, não forçosamente
ligado à morte de Virginia Blade.

- Por enquanto, não podemos permitir que você fuja de
novo, assim, você vem com a gente para a Inglaterra.

4.

- Devemos conseguir as autorizações necessárias para esclarecer as coisas e encontrar os homens do ministério. Novidades a respeito de Joseph?

- Apenas um indício, o celular ainda completamente inexplicável de um estranho homicídio.

- O que seria...?; existe alguma relação com o que estamos investigando?

- Poderia não ter nenhuma, mas o fato de que se tenha levado a cabo no entorno de San Diego, na fronteira com o México, não muito longe da prisão que nos interessa, e que a vítima seja inofensivo ministro de infraestruturas da região...

- E a relação?

- O local do homicídio estava completamente coberto de rosas.

- Um ministro de infraestruturas... o que ter feito de tão grave para merecer um final assim? Me pergunto...

- Sobre ele não existe nada que faça pensar em algo estranho, mas ainda está se investigando.

- Como morreu exatamente?

- Envenenado, igual Pete Norton; estão realizando a autópsia para descobrir o veneno, porque não se encontrou nada no lugar do delito, eu sei que, num copo, um resíduo de veneno ou remédio.

- É muito inquietante...

- Tem que se pensar que essa fronteira é essencial para o crime organizado. Toda tentativa de impor obstáculos poderia ser perseguido de alguma maneira.

- Mas acredito que essa gente mata sem muito

refinamento: neste caso se trataria de mentes mais refinadas; em busca de outros objetivos.

- Sem dúvida, mas que também um Pete Norton fosse morto dessa forma deveria fazer a gente refletir.

- Além das autorizações na prisão, o promotor deve entender o que interessa neste caso, o que pode chegar a ser; é o único que pode nos ajudar a descobrir uma cumplicidade relações que, para mim, não se limitam apenas ao crime organizado normal, existe algo mais.

- Cidade do México, Bogotá, Medellín, alguém, fora os carteis que existem nessas regiões, age por sua conta para acertar certos assuntos, talvez algum outro intermediário ou solucionador, alguém que se mexe na legalidade para fazer coisas ilegais ou bem essa outra parte da CIA, completamente diferente daquela que nos recrutou, a mesma da qual se achava que Larry Belfiori era parte; em todo caso, uma entidade ou alguém que sirva de intermediário entre as instituições e o crime organizado. Isso das rosas poderia ser uma mensagem a alguém, como uma confirmação de que *o trabalho foi realizado* e, quem sabe se esse ministro não havia se transformado em incômodo para alguns interesses?

5.

Nova York, Abril de 2015 – Escritório do promotor *Brian*
Richardson

- Acredito que estão se servindo deles para seus objetivos.
- O quê quer dizer?
- Está gente da CIA, ao saber em que pasta estão inseridos, não têm tido escrúpulos na hora de sequestrar os seus inimigos ou, em todo caso, quem *tivesse visto algo:* ao não ter aceitado suas condições, não tiveram outra opção.
- Portanto os homens do ministério seriam seus novos potenciais assassinos?
- Não escolheram essa prisão por acaso, devia ser um lugar onde esses desgraçados eram formados e preparados para suas tarefas, por esse motivo, não será fácil conseguir autorização e estipulá-las também poderia ser uma formalidade, o que me faz pensar é o depois; e não se trata simplesmente de riscos, se deveria chegar sobretudo aos militares, a sua intervenção para poder desenrolar diretamente esta situação, salvo que também entre eles, nos níveis mais elevados...
- Está me dizendo que não temos nenhuma esperança, que essa prisão nunca será investigada?
- Talvez haja uma via de escape.
- E qual seria?
- Poderíamos nos apoiar na opinião pública, ou seja, encontrar uma testemunha, ter jornais coniventes com a história, que gritem aos quatro ventos, ao mesmo tempo organizar um processo com juízes e o ministério público, que sejam servidores em um sistema de cumplicidades particulares e talvez saia algo.

- Porque o governo não poderá estar de braços cruzados...

- Na verdade, para que ninguém fale, certos negócios sempre terão os seus seguidores, se fecharão os olhos sobre algumas cumplicidades, mas nestes casos o importante é que a parte saudável, ou pelo menos a que se acredita que seja, veja-se notavelmente comprometida; então sim, com toda a probabilidade, todo esforço, toda tentativa, se dirigiria a reestabelecer a ordem.

- Mas, como podíamos chegar a um deles? Ou seja, a um homem do ministério dado como perdido?

- Um pedido seu que levante dúvidas sobre o homicídio do ministro Nils; portanto, qualquer coisa que dê a entender que o ministro Nils queria esclarecer, por conta própria, o assunto da prisão o que se esconde em seu interior.

- Você está me dizendo que deveriam inventar uma testemunha para mim?

- Mesmo que vá mal, o juiz não podia entender as razões e, em todo caso, se abriria um caso, mas nada disto, que fique claro, *deve* ir mal, ou seja, para uma operação do tipo deveriam estar realmente seguros; vocês têm dois meios e sabem como utilizá-los, dependerá se por acaso as reações, ainda que pelo menos uma reação, já teria alguma pista.

- Devemos discuti-lo, nos reunirmos, ver algo.

- Acredito que vocês podem toma-los todo o tempo necessário.

- Existe alguém que possa estar do nosso lado? Alguém importante, quero dizer

- Os magistrados, para este tipo de coisa, poderiam desempenhar um papel importante e poderiam ser a chave no desenvolvimento, se a coisa não for uma farsa, porque nesta história, a posta em cena *deve ser*, e certamente é, um aspecto mínimo.

- Portanto, existe alguém dos quem sabem que possa nos ajudar?

- Sim, alguém poderia existir também, mas preciso ter um pouco de tempo.

6.

E, ao contrário das expectativas mais duvidosas, a *posta em cena midiática* organizada parecia apresentar uns sinais concretos que, aos olhos dos interessados diretos, começavam a suscitar o clamor tão desejado.

E, mesmo que apenas em uma parte mínima, o alvoroço jornalístico não deixou em nenhum caso lugar a dúvidas, obrigando ao governo norte-americano, ou melhor dizendo, a parte relacionada com o chamado *Deep Stats,* a entabular diálogos com o vizinho México, tanto para investigações relacionadas com o homicídio do ministro Jason Nils como para as sombras inquietantes que rodeavam esta prisão.

- Pode-se fazer – é o único que, em definitivo, pode dizer Paul Mary na sala do oficial Brian Richardson.

Para todos os efeitos, sobre o homicídio de Nils, simulações à parte, poderia haver algo estranho que estivesse estreitamente relacionado também com o assunto da prisão.

Como explicar o ocorrido de outra maneira? Talvez por como se revelou a morte de Virginia Blade ou por outra morte que se pensava relacionada com entornos de um gênero completamente diferente daquele que foi posteriormente o real? Era uma alternativa possível.

É uma guerra, uma luta contra o tempo.

O que chega primeiro, desponta e ganha.

Obtém , anula, fecha e prende.

E o inimigo vai à outro lugar, ganhando por sua vez tempo e vantagens.

Uma vez conseguida a autorização da prisão, a Paul Mary, Joseph Nicosia e Brian Richardson, ainda lhes faltavam alguns dias.

Podia também ter se unido a eles Gary McKenzie, por sua eficácia no papel desempenhado como testemunha-chave.

Ouvido por juízes e jornalistas coniventes, revelou-se impecável ao blefar.

E estranhamente não houve contrainvestigações por parte de outros juízes e jornalistas.

Mas a parte contrária a eles, considerada como criminosa, parecia não ter mudado.

Não se mexeu.

Um resultado inquietante, certamente.

Algo que não que ser subestimado.

A prisão se apresentou, ainda que com sua dramaticidade cotidiana, em condições normais: os detentos eram em sua maior parte de nacionalidade mexicana, salvo alguns provenientes do resto das nações da América Central e algum inclusive da América do Sul.

De norte-americanos, ao contrário, não havia nem rastro: os últimos detentos, sobretudo por assuntos ligados a crimes por drogas, remetia a 2011, sem nada a ver com os homens do ministério, de desaparecimento mais recente.

Nada que fizesse pensar em nenhuma base operacional da CIA ou em uma convenção sectária.

A prisão foi revistada a pente-fino pelo FBI, chegando a visitar até as regiões mais recônditas dos porões.

E absolutamente sem nenhuma prova que atestasse alguma atividade obscura ou irregular.

Uma história na qual, afinal de contas, entre desaparecidos e fugitivos havia cinco homens do ministério mais Jacques Merries.

7.

Jaques Merries.

Talvez uma figura deixada à parte, um fugitivo, alguém a quem sempre adiaram sua procura.

Por outro lado, dentre todos os suspeito tinha sido assim mesmo o único ao qual os investigadores podiam acusar de um crime, mesmo que fosse apenas um furto, e sem piores agravantes, como por exemplo um homicídio.

Pelo menos, se forem ouvidas às diversas declarações, o assinalavam como *ladrão* de uma cifra elevada pertencente à Virginia Blade, cifra que, pelo seu extrato bancário, se fez possível através dos homens de confiança de Pete Norton (Jacques Merries e Riley Webb), por intermédio de Larry Belfiori.

A miopia dos agentes do FBI consistia no fato de terem estado demais atrás dos depoimentos de Tim e David Lobowicz, de Larry Belfiori e Riley Webb, estranhamente também não acusados por Jacques Merries.

Talvez neste pontos, para eles, as jogadas pareciam feitas.

Simplesmente, deveria ser ilocalizável, fazer que não o encontrassem.

Mas talvez fosse ainda mais grave que não se houvesse levado a cabo realmente nunca uma investigação sobre o passado de Jacques Merries; o certo é que este tipo de personagens, para os quais desde a legalidade se questiona seriamente sobre a ilegalidade, sempre aparecem como reciclados do mundo do crime, como aqueles com os quais, por um motivo ou outro (e para combater este mesmo mundo), se chega aos poucos a acordos ou compromissos, utilizando-os para papeis secundários, sem nunca ter em conta o seu passado ou sua ficha criminal.

Até aqui, precisamente, não podia haver caso mais emblemático que o que se referia a Jacques Merries.

Francês, antigo atracador que operava na Costa Azul (de onde era originário), capaz de levar a cabo suas piores atrocidades.

Um matador utilizado aos poucos para resolver situações delicadas, um pouco à maneira de Riley Webb (não foi por acaso se encontraram juntos nas filas da CIA), mas com funções mais de franco-atirador ou de terrorista.

Uma subvalorização do personagem Merries que, como custou caro a CIA saber, como custou caro para a CIA saber (pelo menos o nível *informativo* sobre o próprio personagem, como resultado do que aconteceu em seguida), também pôde ter custado caro aos homens do FBI, em termos de tempo, recursos e uma melhor identificação sobre o caso.

Sobre Jacques Merries, fazia tempo, haviam emitido uma ordem através de todas as polícias que chegou à França.

Mas não foi o suficiente.

Nesse momento, a ideia de viajar à França para contatar o entorno e as pessoas a quem tinha visto, não parecia uma má ideia.

8.

Após não poucas averiguações e negociações no submundos de Nice, não sem alguns titubeios, Joseph Nicosia ficou à espera de se encontrar com um *mágico,* um indivíduo assim chamado pela desenvoltura com que manejava as cartas, mas que de mágico, sobretudo em termos de "exercício social" tinha bem pouco, mas, ao contrário, costumava se mexer no submundo de Nice no meio do caminho entre o lícito e o criminoso, é Também estava à procura contínua por negócios para conseguir assegurar sua sobrevivência.

Igual à pessoa que o pôs em contato com Joseph Nicosia, a quem o agente do FBI havia identificado como o mais apreciável para conseguir alguma informação adicional sobre Jacques Merries, sempre que desembolsasse uma certa quantia.

E que não traiu em absoluto suas expectativas, o levando direto ao objetivo.

A casa do fantasmagórico mágico se revelou ser um lugar tétrico e sombrio.

- Não se surpreenda, agente, gosto de ter certa privacidade.

- Aqui está o dinheiro...agora Jacques Merries.

- Vejo que não gosta de perder tempo, mas sente-se, pode encontrar água na cabeceira.

O mágico pegou rapidamente o dinheiro, pôs dentro de uma caixa de cerâmica e, quase ao mesmo tempo, Joseph

Nicosia se sentou no que ao agente do FBI, a julgar pela escuridão do lugar, parecia um verdadeiro trono procedente do passado.

- O senhor aqui, vindo dos Estados Unidos, desta vez deve ter feito boa...
- O quê sabe dele? Faz tempo que o procuramos.
- Parabéns, agente. Seu francês é excelente... Jacques, Jacques...não é aqui onde devem procurá-lo, agente, não aqui em Nice.
- Então onde? – respondeu perplexo.
- Aposto que vem de Nova York.
- Sim, venho exatamente de lá.
- Se é tão importante, não perdeu tempo em nos contactar, ainda que seja possível que Jacques Merries estivesse bem perto do senhor.
- Em Nova York?
- Pelo que me parece entender, não aproveitará mais as proteções das quais pode dispor por um tempo, mas acredito que entendeu bem as reais intenções das pessoas para as quais trabalhava e com as quais se relacionou e agiu, em consequência.
- Seja mais claro. O que quer dizer?
- O senhor deveria saber melhor que eu, o papel desse *marinheiro* nunca ficou muito claro e ele quis tomar sua parte.
- Então o senhor sabe exatamente onde ele se encontra?
- Posso ter muitíssimos contatos, agente, mas estou falando agora com o senhor, não acha? Não, uma coisa é verdade, o caminho que te indiquei é o apropriado, mas não me pergunte o lugar exato porque, ainda que lhe pedisse o triplo, não saberia dizer.
- Foi ele quem matou Virginia Blade, levando com ele o

dinheiro? E Larry Belfiori, porque estamos falando dele, talvez seja um agente duplo.

- Às vezes por intuição, os jornais e Internet ajudam muito mais que as simples conversas. Não acredite que estou em situação de saber exatamente este tipo de coisa. Agora que consegui esta informação, o senhor e seus colegas deveriam saber bem como vasculhar essas regiões, acredite que aqui em Nice está perdendo tempo.

9.

Conversa telefônica entre Paul Mary e Joseph Nicosia, Nova York/Nice, Novembro de 2018

- Tanto nossas fontes como o mágico me fazem pensar que nossas investigações em Nice e na França podem ser consideradas como concluídas.

- Poderia haver a alguma possibilidade, mas é certo que me parece entender que agora não temos certeza disso.

- O que me surpreende é que ninguém em Nova York nos disse nada a este respeito. Apesar da linguagem tão exagerada deste mágico, ou como se chame, captei sobretudo um aspecto, talvez o mais importante: Jacques Merries é sobretudo um ladrão e não seria má ideia uma recompensa por ele que não se limitaria à cidade de Nova York, e sim chegaria até à Cidade do México.

- Colocaremos em andamento um processo de intensificação das investigações contra ele, com muitas fotos públicas e recompensas para quem possa dar informações úteis, mesmo que antes terei que conseguir a autorização do promotor.

- O promotor tem que entender que essa é a última tentativa que faremos, sobretudo em termos de cifras.

- Acho que ele vai aceitar mas, há mortes demais cercadas de mistério, muitos desaparecimentos insólitos, um caso que vai se querer encerrar da melhor maneira possível, não temos escolha. Neste momento a via é justamente essa. Alguma coisa sairá, estou convencido.

Uma descoberta que não se fez esperar muito.
E como o caso de Riley Webb em Miami, também foi

uma mulher, inevitavelmente, quem descobriu a
clandestinidade de Jacques Merries.

Mas neste caso se tratou mais do que outra de uma
verdadeira *pista.*

E se deveu à estratégia idealizada sobretudo pelos agentes
do FBI.

Depois de interrogar a todos, inclusive os membros da
seita da *Order of Supreme Sacrifice,* depois de visitar uma prisão
mais do que suspeita, sem encontrar elementos concretos
que deram alguma pista sobre as mortes e desaparecimentos,
não restava mais que Jacques Merries e uma boa
recompensa por ele.

Nesse ponto poderia se acusar, além de roubo à Virginia
Blade, homicídio, com a ameaça de importantes
consequências penais.

Um profissional, Jacques Merries, mas que não se pode
fazer nada quando, após saber da imediata caça humana
contra ele, entrou em seu Chevrolet Equinox cinza,
querendo ir, como logo teve oportunidade de declarar, o
mais longe possível de onde era (que era Irvington, no
Estado de Nova Jersey, a 40 minutos de Nova York) para
fugir do fatal conhecimento dos vizinhos, que até então o
haviam considerado um cidadão comum.

E fatal foi exatamente a denúncia de uma vizinha, uma
mulher afro-americana de cerca de cinquenta anos, que
permitiu aos agentes organizar controles nas saídas
principais da cidade, numa das quais foi precisamente onde,
após uma tentativa de fugir seguido de uma perseguição
imediata, inevitavelmente prenderam Jacques Merries.

10.

Interrogatório em francês de Joseph Nicosia – Nova York, Dezembro de 2018

- Convém ao senhor colaborar: temos provas irrefutáveis contra o senhor.

- E quais seriam essas provas, agente? A confissão de alguém que não tem nada a perder?

- Encontramos na sua casa a mala de dinheiro roubado de Virginia Blade; você sabe muito bem que está em uma situação difícil, você é suspeito de um homicídio, é conveniente para você colaborar ou não vai escapar facilmente; nos fale de seus companheiros de aventura, Larry Belfiori, Riley Webb e também de David Lobowicz e sua seita, a *Order of Supreme Sacrifice*.

- Não sei do que me fala, agente.

- Estes nomes são de pessoas que parecem te conhecer muito bem...

- Não sei quem é David Lobowicz. Sobre Larry Belfiori e Riley Webb, o senhor já deve saber...

- É principalmente por eles por quem sabemos como você drogou Virginia Blade depois de drogá-la, para logo desaparecer...porque as coisas foram assim, não é?

- Meu advogado vai se encarregar de demonstrar que o senhor não tem nenhuma prova.

- O que aconteceu com os homens do ministério e quem realmente matou Pete Norton? Sua situação, Merries, é muito crítica: você tem um automóvel e uma casa alugados, sem ser titular de nenhuma conta e, além disso, sem um trabalho declarado; encontramos 3000 dólares, vestimenta e investimentos para assaltos; quem lhe forneceu tudo isso, quem te protege, a quem está acobertando? Colabore com a gente antes que seja tarde demais, para podermos lhe oferecer uma via de escape, já que não acredito que você sobreviva à prisão: como morreu Pete Norton? Como morreu Nat Calaiò? Você mesmo, na situação na qual você se encontra, poderia estar com as horas contadas. Vamos, fala, encerramos esta história e te protegemos.

- Como o senhor protege Pete Norton. Prefiro que o destino decida.

- Voltará para casa, estará mais seguro em uma localização secreta, lhe entregaremos aos serviços franceses – E, por um momento, Jacques Merries mostrou uma espécie de expressão de voltar a pensar.

- Quis matar Virginia Blade intencionalmente passando uma a dose mal aplicada – repetiu Joseph Nicosia, em tom bastante decidido.

- Não é o que você acredita, agente, não tinha intenção de matá-la.

- O quê isso significa? Quais eram as suas intenções?

- Nesse momento acho que não tenho escolha, conhecendo o tipo de pessoas com as quais me relacionei; façamos o que você disse, aceito suas condições.

- Bem, muito melhor... então nos fale dessas pessoas.

- Larry Belfiori...no final das contas não incomodava ninguém...quem incomodava as operações de algumas famílias era Pete Norton, por suas investigações sobre cocaína e armas...a cantora acreditou que somente ela era vítima desse magnata, aquele que mencionei antes...

- Lobowicz?

- Sim, Lobowicz...mas Larry Belfiori a protegia, que acredito que questionou em mais aspectos deste magnata...meu problema desde o inicio era Nat Calaiò...me

identificou como o matador ideal para Pete Norton desde o
momento em que fiquei sob custódia de todos eles; chegou
a me pressionar e me disse que para realizar o homicídio
devia me afastar de quem me protegia e, ao não poder me
defender de outro modo, esperei o momento mais propício,
que além disso coincidiu com o fato de que poderia me
apoderar de uma grande soma de dinheiro propriedade de
Virginia Blade, de modo que ao fazê-lo me livrei além disso
de Nat Calaiò ao poder conseguir uma arma; com Nat
Calaiò não foi fácil, pois para matá-lo tinha que acabar com
Pete Norton, mas acredite em mim, agente, não se
procurava a morte de Virginia Blade; é verdade que eu lhe
passei a droga, mas não estava mal dosada, acredite em mim;
acredito que Virginia Blade tomou demais e foi
simplesmente uma overdose, o que, certamente, não nego,
facilitou a minha fuga.

- Por falar em sacrifícios, por que essas rosas no local do
crime e os homens do ministério, a seita da *Order of Supreme
Sacrifice*...?

- Pistas falsas, somente pistas falsas, procuradas e
pensadas como uma operação à distância que servisse para
indicar a realização de algo, um procedimento habitual nos
entornos criminosos e quem os apoia, acredito que uma
parte da CIA... assim que não foi difícil chegar a Pete
Norton.

- E os homens do ministério?

- Não quiseram cumprir com algumas condições e o da
prisão mexicana foi outra estratégia de despiste, mas
também é verdade que perto dessa prisão é possível que se
encontrem valas comuns, verdadeiros cemitérios.

- Então é possível que os mataram?

- E quanto a Nat Calaiò?

- De quem foge?

- Olhe, agente; talvez consideremos que foi para o bem que me tenha limitado unicamente a Nat Calaiò, sobretudo pelo fato de não ter ido mais além, mas não acredito que tudo isso baste para escapar de sua vergonha.

- Conhece o lugar exato onde estão enterrados esses corpos?

- Terão que imaginar, não saberia lhe dizer mais.

ISTO É ITÁLIA

SEQUÊNCIA LATERAL de A ZONA CINZENTA

Fora o Reino Unido e os EUA, entre o branqueamento de substâncias entorpecentes, clãs da capital e imigração ilegal, a atividade de Larry Belfiori e Riley Webb se desenvolve com o tempo em Roma, da qual já se começou a entender a natureza real de suas operações.

1.

Um criminoso com inúmeras facetas.

Esse era Riley Webb.

Se encontrou no centro de uma vasta operação, da qual se transformou em um dos seus múltiplos executores, um emissário para sombrias estruturas hierárquicas diante das quais devia responder aos planos e projetos não pouco discutidos.

Um fato que demonstrava a dureza da personalidade daqueles com os que costumavam se rodear dessas estruturas.

Mas este era apenas um dos aspectos, ainda que fosse relevante, de seu *estilo* de vida.

Uma vida feita de mulheres, de filhos (chegou a ter quatro, de três mulheres diferentes), além de amigos e *conhecidos*, tudo para justificar, no fundo, esse sentido de *sobrevivência* e de *transgressão* (talvez quase de *prazer)* que o distinguia.

Chegou ao limiar dos 40 anos, nascido de uma relação ilegítima entre uma mulher casada e um colega de trabalho desta, recebeu o sobrenome do marido da mulher e, apenas dois anos depois de nascer, a mãe prestes a morrer lhe disse que seu verdadeiro pai era outro, que não teve tempo para legitimá-lo adequadamente nem para lhe dar o seu sobrenome.

Apesar de tudo, levou isso consigo e lhe fez estudar até que, por contatos que tinha com algumas gangues londrinas, se encontrou, depois de uma carreira não sem dificuldades, dirigindo um bairro da periferia leste de Londres, lugar onde costumava desenvolver todo tipo de atividades ilícitas e onde se realizavam as maiores *vendas*.

Tinha também *clientes advogados,* empresários, médicos, pessoas que não queriam se expor a este tipo de coisa.

Em mais de um período também esteve morando, primeiro com a mãe dos seus dois primeiros filhos e logo com a que acabou se tornando sua esposa. Ainda que na verdade sua primeira filha, que na prática nunca teve chance de conhecer, foi o fruto de uma breve relação anterior na adolescência; sobre ela os pais da então prometida lhe negaram inexplicavelmente a paternidade.

Por isso, seus dois primeiros filhos *classificados como seus, um* menino e uma menina, se deu à sua tempestuosa relação com Samantha Coals, uma jovem que o traiu muitas vezes, mas que ele mesmo conheceu através de seu próprio caso de amor, exatamente com Lavinia Wine, com quem esteve por mais de seis anos, uma jovem procedentes das classes elevadas britânicas (seus pais eram fabricantes e comerciantes de álcool) a qual Riley ajudou a sair de um grande problema e com a qual em geral passou alguns anos felizes de aparente normalidade, até que apareceu o rosto cândido, inocente e fresco dos apenas 19 anos de Samantha, com quem, apesar de sua idade, Riley não perdeu tempo em atrai-la, até a hora de conviver com ela, talvez por esse vício, nunca apagado, de enganar apenas por *questões sexuais, um fato* que com a própria Samantha se voltou contra ele mais de uma vez e quando os filhos com ela já haviam nascido, até o ponto que, depois do seu segundo engano, ele disse *chega,* encontrando na russa Marina Bogdanova, a mulher que se tornaria sua esposa, e que lhe daria outra filha, não sem que, inexplicavelmente, pagasse o preço de outra relação igualmente tempestuosa.

Entretanto, se não tivessem acontecido essas traições, também não seria impossível um casamento com Samantha.

Lhes ocorreu a ideia em uma noite fresca de outono de uma que passaram na Escócia..

Parecia certo.

Mas evidentemente não aconteceu. Riley se voltou então à Marina Bogdanova, por quem, sobretudo no início, perdeu a cabeça com ela como com todas as outras, e talvez mais com ela, sobretudo devido à sua beleza escultural, que em mais de uma ocasião pôde mostrar em público e com satisfação.

O problema, mesmo que no relacionamento com Lavinia Wine, era que, devido ao forte entusiasmo inicial por essas mulheres, Riley estava disposto a fazer o impossível por elas, confirmando continuamente sua inclinação ao ilegal e às confusões, para tratar de aparentar ser mais do que era e, principalmente com essas mulheres, depositando nelas suas exigências e reais intenções, baseando-se no que se deveria esperar dele: com Lavinia Wine, como a relação terminou por causa de sua traição, não houve represálias, pois era de uma família abastada e a cumplicidade que foi criada entre os dois, ao contrário, fez com que fosse Riley quem se sentisse *cômodo* ou pelo menos sem problemas relacionados com este tipo de coisa; coisa diferente poderia se dizer a respeito de Marina Bogdanova, com quem Riley realizou primeiro uma viagem de um mês pela Europa, sem se preocupar com o fato de que Marina tinha entrado em sua casa de um dia para o outro quase que por acaso e que posteriormente o obrigou a ter que esperar um bebê (ia ser sua quarta filha), ao que deveria se seguir de um casamento (como se costuma fazer em regiões do Leste Europeu quando duas pessoas que não são casadas esperam um filho), um passo que se revelou como arriscado, principalmente para Riley, dada a sua incapacidade para conviver, que logo apareceu.

Sobre seus rendimentos pouco claros, de todo modo, Marina fechou os olhos, mesmo que tentando conseguir algo e inclusive para um casamento em vigor, por esse espírito que lhe era inato em direção ao dinheiro, sobre o qual logo se revelariam ao máximo suas economias que, apesar de começarem a ser notáveis, não lhe haviam convencido de fato buscar sempre mais, a todo custo e em mais frentes.

Samantha Coals, ao contrário de Marina Bogdanova, que era *fashion blogger* e profissional autônoma de produtos online e a quem seu dinheiro não lhe interessava muito, ao menos não tanto pelo fato de se tomar liberdades, se deu provavelmente de que havia *queimado* os prazos ao haver concebido seus filhos.

Aí o problema para Riley, já antes de sua separação, era múltiplo: a gestão de tempo livre dentro de um novo relacionamento (que logo chegaria a um casamento) e em menor medida mais uma filha a mais para criar.

Petição após petição, chantagem após chantagem, tudo levava continuamente a brigas e a relações extraconjugais, ainda que breves e estritamente limitadas a uma noite.

Em todas elas, e sem que depois no fundo houvesse uma importância especial, reinavam, quase como uma *prestação a ponto de vencer,* essas necessidades, essas exigências, devidas a esse tipo de *cultura da imagem e do* excesso, que envolvia e rodeava tudo.

2.

Roma, Fevereiro de 2017 - depois da operação "Sete mares"

Havia que melhorar o marco, torná-lo factível.

Ou bem não dar chance a dúvidas nem suspeitas.

Estas eram as únicas condições que Larry Belfiori e Riley Webb pediam ao clã Russo para obter mais sucesso em suas operações.

E como pôde acontecer tudo isso?

Simplesmente, fingindo estar ao lado de quem luta contra a imigração ilegal, realizando detenções e prisões quando estava claro que devia ser feito.

Desta forma também podia se aumentar o *raio de ação,* ou seja, os expulsaria em direção à mais rotas, sem necessariamente ter que interferir em outras áreas, já bastante consolidadas, principalmente por poderosos muito importantes.

Depois dos primeiros desembarques com sucesso, pôde-se também rebatizar a operação, a qual se chamou de "Sete Mares", principalmente pelos múltiplos portos que abrangia e que logo veria as primeiras detenções, com suas respectivas prisões, clara e perfeitamente *enganados.*

Belfiori e Webb tiveram ao seu favor o fato de terem recebido umas "dicas" da capital.

Desta forma, podiam se infiltrar e criar eles mesmos outras operações "Sete Mares" e aos emergentes Russo este estratagema, que os expunha a uma certa visibilidade ambiciosa, não podia senão garantir uma maior segurança e confiabilidade, sobretudo pela própria eficácia das operações.

E quanto à promotoria, como *testemunha* das *infiltrações* se utilizou neste caso Sara Nordici, ex-magistrada corrupta, que se serviu de provas falsas, de acordo com os Russo.

Nos documentos, nas fotos disponíveis, se viam rostos, lugares, vínculos entre homens que os Russo deram como iscas à promotoria; homens que logo seriam presos, mas que permaneceriam pouco tempo de um ou outro modo.

Além disso, tinham acabado com uma identidade falsificada, de modo que, após sua liberação, continuam operando com outras identidades falsas.

Até que alguns homens pertencentes aos clãs da capital, os interessados sobretudo pelo negócio de psicotrópicos, de repente conheceram a relação que a própria Sara Nordici tinha com a promotoria através do clã Russo.

Seguida e controlada, não havia sido logo uma ameaça para o clã ao qual proporcionava grandes quantidades de droga e que começava em todo caso a considerar, mas sem dúvida que começava a fazê-lo para Larry Belfiori e Riley Webb, e não apenas em termos econômicos; estaria, portanto, *aparecendo* e, quando muito, com ela descoberta, também um possível espião na promotoria.

Mesmo que não houvesse escrúpulos em falar para se defender, pronunciando-se a favor de quem considerava sua relação direta com Larry Belfiori e o clã Russo, provocando de maneira igual aos dois "negociantes" reais: por um lado, através de sua "colaboração", havia exposto aos dois agentes britânicos a uma fuga de informações imprescindíveis e perigosas, e por outro havia que valorizar o fato que interessaria ao clã o papel dos Russo, pelo fato de que poderiam se transformar em uma ameaça; por isso, após 24 horas, Sara Nordici foi levada a uma casa rural fora de Roma, lhe dizendo que os riscos para ela poderiam ser múltiplos e que a decisão tomada em seus acordos era considerada, portanto, a menos ruim.

E após uma semana, na qual Sara porém começava a se tornar insistente em encontrar uma solução para ser posta em liberdade, em um encontro quase obrigatório com os Russo, ao esclarecer o fato de que havia que se ter procurado um espião ou ao menos deveriam ter esfriado as relações com a promotoria, foi o próprio Demetrio Russo, chefe da organização, que se pôs a cargo de resolver a delicada situação de Sara Nordici: após chegar ao domicílio onde estava momentaneamente reclusa, não perdeu tempo: a identificou, encapuzou, amarrou, pôs no porta-malas no seu terreno e, próximo a um riacho seco, a arremessou, a jogou no chão e a matou com dois disparos de pistola na nuca e a atirou à correnteza.

3.

O fato de que alguns clãs acabaram conhecendo os negócios relativos à venda de substâncias entorpecentes (que Larry Belfiori e Riley Webb mantinham com o clã Russo) se transformava lentamente, inclusive para os Russo, na chave para desvendar o que parecia ser uma situação cada vez mais difícil de gerir, de maneira que os negócios puderam prosseguir para todos sem maiores problemas, e principalmente com o mais total silêncio e discrição.

Portanto, também em relação à operação "Sete Mares".

Então identificaram os homens que se beneficiaram das dicas da promotoria.

Então os Russo, sempre pela boca do seu chefe, Demetrio Russo, tiveram contatos telefônicos com eles.

Marcaram um encontro.

O lugar: Roma, no entorno da Piazza di Spagna, um lugar com muita gente, para dar a entender melhor suas boas intenções.

Depois de alguns titubeios, foi dito a um dirigente do clã Tucci que fosse ao encontro.

O clã Tucci era o clã principal, que de vez em quando era abastecido através de Sara Nordici, também para controlar os acontecimentos.

Ou seja, de sua parte, mais que um assunto de perigo ou de agressão imediata, queriam ver o que se escondia por trás de Sara (a quem conheciam muito bem) e até onde estava disposta a chegar.

E pareciam ter chegado a uma conclusão, até o ponto de chegar a identificar alguém que poderia ameaçá-los, ou também, por como estavam indo as coisas, com quem assinar algum acordo.

O que realmente procuravam os Russo?

Para manter seus negócios, que podiam alcançar o âmbito dos entorpecentes, seria indispensável não ter investigações ou espiões intrometidos, pelos que, em troca de drogas a preços realmente módicos, pediam ao clã Tucci a cabeça de um possível chefe da promotoria, justificando tudo como uma medida de precaução a respeito da operação "Sete Mares", sem ter que justificar que personagens do calibre de Riley Webb e Larry Belfiori estavam de acordo com isso em todos os sentidos.

Portanto, para não despertar mais suspeitas e investigações, o possível espião deveria cair *acidentalmente*, mas principalmente garantiram ao clã Tucci plena confiança a respeito das vendas de entorpecentes, ou seja, que não havia outros, e aos outros grupos, que continuariam seguros no relativo a quem deveria preferencialmente administrar este mercado, como já estava acontecendo de fato, dando ao entender que o mercado que mais lhes interessava era o de imigrantes clandestinos e não o comando dos bairros.

Como o clã Tucci poderia abdicar de tudo isso?

Não se pode dizer que o aceitaram de imediato, dado que pouco lhes importava na prática um espião, diante de uma oferta tão atraente e continuísta, por consequência, por parte de Larry Belfiori e Riley Webb (a quem os mafiosos do clã Tucci não haviam tocado em um fio de cabelo, ainda que permanecessem escondidos) foi seu enfrentamento com os Russo a "fachada" no caso de que com os entorpecentes não chegaram a assegurar as quantidades necessárias, um problema solucionável como muitos entre eles e os Russo, que puderam confessar facilmente as possíveis faltas de quantidade recorrendo à compra em outros lugares e se arriscando a ter perdas, em caso de persistência da operação

"Sete Mares".

Por isso o espião teve que se *suicidar* e os dois lados, na reunião, estavam perfeitamente de acordo com isto.

E o escolhido o método do enforcamento.

Nisto, os Russo, ainda que novos na praça, não eram em absoluto iniciantes.

Uma vez conseguido o endereço do domicílio do espião (um homem em nome dos Tucci, muito próximo ao promotor) os Russo operaram um verdadeiro comando: e imediatamente seguiram durante dias os movimentos do espião, até que, se servindo de microfones na casa e do carro do condenado, aproveitaram um de seus momentos de solidão em sua casa para entrarem sem chamar a atenção; o espião foi imediatamente silenciado com material que não deixou rastros nem pistas, assim que foi imobilizado, ao passo que alguns membros do comando preparavam a corda para o enforcamento: não demoraram cinco minutos para fazer o suicídio, sem que ninguém soubesse de nada.

4.

Samantha Coals, apesar de suas esporádicas desavenças
com Riley Webb em relação à custódia das crianças, também
se deslocou de Londres para Roma e o motivo era muito
simples: sua nova relação com outro Riley, ainda que seu
sobrenome fosse Antinori.

Entre os dois, o que estava principalmente apaixonado era
Riley, que quase a obrigou, ao implorar a Samantha Coals
que se reunisse com ele em Roma e o motivo era que ele
também vivia de fraudes, ou seja, embarcava em situações as
quais nunca previa suas consequências exatas e certas.

Uma coincidência surpreendente foi a de que os únicos
antecedentes penais que caiam nas costas de Riley Antinori
constituíam em sua relação com o clã Russo sobre as fraudes
online a nível internacional.

Foi identificado e preso, mas por não ter antecedentes
esteve pouco na prisão.

E o clã Russo era precisamente o que encabeçava
Demetrio Russo, o mesmo com quem Larry Belfiori e Riley
Webb tinham acordos muito importantes.

Nessas circunstâncias, dos Russo só alguns foram presos,
em geral, subalternos.

Riley Antinori também podia ser considerado subalterno
que, devido à sua situação posterior, ou por ter fugido para a
Espanha (depois de *queimar* alguns envios de droga
relacionados aos clã rival dos Tucci, os Laudavini, e portanto
ter se comprometido a restituir as quantidades devidas pela
incineração de tal droga) em um momento anterior, e
realizando trabalhos esporádicos, na sua volta à Itália, depois
de cerca de seis meses, as arquitetou, com ajuda de sua nova
companheira, para por fim aos seus problemas na capital,

sobretudo com o clã dos Laudavini.

De fato, soube por um dos membros dos Russo que participou das reuniões com Larry Belfiori e Riley Webb (reuniões nas quais foi decidido o assassinato de Sara Nordici e do chefe da promotoria) daquilo que se discutiu nesses encontros, tudo porque o membro em questão não se sentia seguro no seu grupo da prisão e já estava procurando outras vias alternativas, em caso de fuga ou ser posto em liberdade a curto prazo e por que, se outro pudesse cometer um erro, Riley Antinori poderia se tornar um dos associados, desde o momento em que já tinha algo a ver com ele.

Para Riley Antinori era uma solução e uma via de escape perfeitas.

Com um simples movimento, podia saldar suas dívidas com os Laudavini, encontrando mesmo na capital com o apoio de um novo grupo com o qual contar, o que significava novas possibilidades de enriquecimento e uma sobrevivência segura para suas sempre arriscadas atividades criminosas.

E Samantha Coals não podia ser senão entusiasta ao participar do plano com um papel não exatamente marginal.

Antes de tudo, se esperou a saída de Eduardo Siracusa da prisão, fugido do grupo que Demetrio Russo dirigia.

Levou alguns meses.

Mas o grupo que deveria surgir de diversas sobras, parecia cada vez mais em processo de se consolidar.

O plano consistia em levar Samantha ao clã Tucci em nome de Edoardo Siracusa, para tratar das informações relativas ao homicídio de Nordici e também as relativas ao promotor, mas principalmente para por em alerta o clã Tucci a respeito dos acordos que os Russo estreitaram com Larry Belfiori e Riley Webb, dando a entender o que para eles poderia se tornar perigoso em um acordo desse tipo e revelando mesmo a reciclagem de substâncias entorpecentes que, por iniciativa dos Russo, partia diretamente dos *britânicos,* explicando assim o motivo do porquê tantas drogas custavam tão pouco.

O que pedia em troca Samantha Coals por ordem de Edoardo Siracusa e também de seu namorado, Riley Antinori, conhecido nesse meio?

Era prioritário acima de tudo, antes de *informar,* impor as condições, que se limitavam simplesmente a um pedido de ajuda (deste modo havia facilitado sua obtenção, pois no fundo não era outra coisa senão a verdade) ou então o clã Tucci teria que acertar as contas de Riley Antinori com os Laudavini por uma cifra nada irrisória.

E o resultado desse encontro não foi menos surpreendente.

Os Tucci tomaram a palavra de Samantha, contataram os Laudavini para encerrar a questão de Riley Antinori e iniciaram uma série de procedimentos a respeito dos Russo e seus sócios britânicos.

5.

Fazia anos que Roma não via homicídios por disputas internas entre grupos criminosos.

Era uma situação de paz que deveria ter se mantido assim, com a aprovação de todos os grupos rivais, ao terem adquirido cada um sua região de competência.

Em geral, preferia-se aproveitar os contatos próprios *desde o alto*, de forma que certas coisas podiam ser resolvidas por via interna antes que se fizesse o impensável.

E certamente não se esperava que os Tucci quebrassem esta paz.

Por sua vez, se daria um passo atrás, ou bem se voltassem às condições anteriores ao período que tinham a ver com os Russo que, pelas suas costas, assinavam acordos com os agentes britânicos do calibre de Larry Belfiori e Riley Webb.

Quebrar qualquer tráfico de entorpecentes que provinha dos Russo e voltar a botar a mão na promotoria, isso era o que significava para eles a palavra *ordem*.

Pelo qual, ainda que com mais dificuldade do que supôs o aspecto logístico e dos controles, voltaram aos seus antigos provedores, os colombianos de Tito Gutiérrez, para completo espanto de Russo e sócios.

Portanto, decidiram não criar inimizades com a promotoria e o poder judiciário elegendo assim, em uma ação em todo caso difícil, a via subterrânea, incluindo a diplomática.

Uma guerra, um ataque, os colocaria contra as forças do *estado* que, em caso contrário, sempre podiam ser úteis.

Era o momento de encontrar os homens certos nos lugares certos e nos *palácios* se obteve, principalmente, a pista da operação.

Junto à pista, chegou a notícia da participação na operação "Sete Mares" de dois agentes britânicos "desviados" de seus acordos com o clã Russo e, através deles, da reciclagem de substâncias entorpecentes das quais os únicos responsáveis podiam ser encontrados nas pessoas de Larry Belfiori e Riley Webb.

Finalmente, chegou posteriormente a pista do celular real daqueles que foram definitivamente considerados como os homicidas em relação às mortes de Sara Nordici e de Alessio Zonchi, identificado sem nenhuma dúvida, como promotor e agente duplo.

Um terremoto imprevisto para os Russo e os dois agentes britânicos, a quem lhes foi enviado imediatamente um aviso de imputação, que se seguiria de prisão definitiva.

Por um momento, Roma acordou surpresa.

E quem decidiu fazer a guerra era quem restava do clã de Demetrio Russo, incluindo o seu próprio chefe, a quem, desconcertado sobre como se fariam as investigações relativas, não perdeu tempo em procurar possíveis artífices, mesmo que bastante limitado por sua casa vez mais difícil inação.

O primeiro suspeito era o próprio Edoardo Siracusa, mas este podia contar com os bons apoios de um grupo bem-estruturado.

Um motivo a mais para se reservar a outros suspeitos por conta própria.

E teria que pegá-lo vivo, mesmo que não fosse ser fácil.

Então as investigações, pelo menos inicialmente, seriam em vão.

Do arsenal de homens a disposição de Demetrio Russo, apenas alguns evitaram a prisão, e isso graças ao fato de que se encontravam acompanhando o seu chefe, que evidentemente se salvou ao quebrar um dispositivo de controle de seu automóvel, no momento em que as forças da ordem estavam prestes a prendê-lo.

Sentiu o cheiro de traição e fugiu com um punhado de homens (os únicos que lhe restavam) o mais longe possível, para logo voltar exatamente à capital, tratando de procurar o suspeito principal, Edoardo Siracusa.

Esta repentina desconfiança em relação aos Russo (E depois, sobretudo, de estipular um acordo com eles), este aceitar as condições de Samantha Coals por parte dos Tucci, somente se justificavam pelo fato de que, em Roma, principalmente nos clãs mais influentes, conheciam as reais razões de agentes como Larry Belfiori a quem, desde o ponto de vista delitivo apenas um grupo emergente como os de Russo, quase ingenuamente, podiam perseguir por sua conta em risco.

Um risco que o clã dos Tucci, já consolidado na capital, podia se permitir não correr, enquanto percebesse a influência efetiva que esse tipo de aparato, em suas reais intenções, tinham em um grupo como os de Russo.

Os Russo, no fundo, eram uma jaula de antigos *cães selvagens*.

E, se não bastasse isso por si só, disso fizeram uma ampla demonstração na fuga que lhes organizaram (Larry Belfiori e Riley Webb) com esse mesmos aparatos.

Daí a menos de um mês estava de fato os esperando em uma saída secundária da prisão de Rebibbia, um automóvel que os havia acompanhado diretamente a um lugar secreto, ocultos a controles de qualquer tipo.

E também foi uma coincidência que nesses dias Riley Antinori, que costumava consumir entorpecentes (tanto heroína como cocaína) e que fez da instabilidade do seu humor sua marca registrada, em um de seus rompantes disparou sem remorsos contra o peito de Samantha Coals, para depois tirar a própria vida com a mesma arma.

Uma versão que nunca convenceu por completo aqueles poucos investigadores que se preocuparam em continuar interrogando.

TERRAS DE FOGO

A REVOLTA: quarto episódio de A ZONA CINZENTA

Uma obra de dissimulação, a de Larry Belfiori, capaz de superar obstáculos como o FBI, David Lobowicz, Jacques Merries, a seita da "Order of Supreme Sacrifice", Riley Webb e Katrina Zarkoskaya. Sua tarefa consistia agora em apoiar uma associação hierárquica internacional, O RENASCER, no qual se refiria a um âmbito italiano; em uma guerra de inteligência, na tentativa de levar adiante um projeto de defesa e valorização do Ocidente diante de ingerências milenares que haviam minado a natureza e o espírito do Homem, que se verá envolta em algo que ninguém na Itália imaginaria que poderia acontecer...

1.

*Larry Belfiori conversa com Arturo Magistri, presidente de O
RENASCER – Roma, Setembro de 2019*

De origem italiana, mas um autêntico *produto* da City, suas
últimas operações conseguiu manobrar perfeitamente entre
o FBI, David Lobowicz, Jacques Merries e a seita da *Order
of Supreme Sacrifice*, se servindo de Katrina Zarkoskaya e
Riley Webb, a quem logo liberou, mesmo que não pudesse
fazer nada pela cantora Virginia Blade.

Mas o balanço da estratégia tinha sido em geral positivo, e
agora Larry Belfiori, ao contrário do que pensaram os
colegas e o entorno que o cercava, deu um salto de
qualidade.

Então se perguntava se O RENASCER não seria algo
diferente, ainda que não de todo original, frente à outras
associações de poder.

Na Itália podia-se dizer que sua sede estava em Roma,
mesmo que não tivesse um domicílio concreto.

Em suas filas havia personagens importantes da vida
pública: políticos, empresários, professores universitários,
cientistas, simples estudiosos e também membros da força
da ordem.

Sua finalidade expunha os seus membros a não poucos
perigos, pelos quais, quando se encontravam em público,
fingiam ser um grande grupo de amigos, enquanto que, para
questões mais importantes, se viam em casas de sua
propriedade, isoladas de lugares habitados.

- Belfiori, há perigo: alguém deve ter percebido nossas
intenções, os últimos atentados em solo europeu contêm

mensagens e fins provenientes diretamente desses grupos em Nova York, estes do califado também respingam por aí, mas durarão pouco, são apenas funcionários a seu serviço.

- Na Bélgica, França, Norte da África e Kosovo está por enquanto sob controle, mas podia se descontrolar de uma hora para outra, se seus serviços secretos, de acordos com algumas estruturas, deixam que a coisa se filtre, por ordens e interesses que tenham prioridade frente a tudo.

- É nisso precisamente ao que eu queria chegar, terá que nos garantir o que possa acontecer, sem que nenhum de nós perca benefícios, senão a própria vida: significaria perder nossa batalha.

- Não é uma tarefa simples, esperava algo assim, nos atacar diretamente seria próprio de enfrentados ingênuos a esses poderes, inclusive o Vaticano.

- O salvo-conduto?

- Para Londres, pelo mar.

- Bem, então está tudo claro?

Sim, de Nova York, via Antuérpia, podia se iniciar o ataque; procurarei informação para ver como e quando realizá-lo, já existe uma grande antipatia e receio em seus enfrentamentos.

- O senhor sabe que a Itália é sempre um campo de provas; se todo acabasse bem, reforçando daqui nossos sistemas de segurança, daríamos um giro em sentido tradicional à toda Europa.

- Não me cabe nenhuma dúvida.

A armadilha consistia em agir de modo que os terroristas do mesmo entorno que aqueles que aterrorizaram Londres, Paris e Bruxelas, uma vez provocados, fracassaram em sua estratégia homicida.

A folha da rota estava escrita.

Além disso, o plano previa o desaparecimento repentino de três prelados do Vaticano.

De fato, no caso de que houvesse um ataque nos enfrentamentos do território italiano como manobra de distração para poder desferir o golpe, não se recorria nunca ao sequestro de eminentes personalidades vaticanas, criando assim um caso que interessava e, ao mesmo tempo, distraía grande parte da opinião pública e, de modo que os controles das forças da ordem, no que diz respeito a um eventual atentado, desapareceram.

Como eram os membros da O RENASCER?

Quase intocáveis, muito bem relacionados e protegidos, chegando inclusive a alardear suas intenções com a inauguração de uma sede: somente um atentado podia lhes ter sacudido e redirecionado.

2.

Larry Belfiori teve sorte com o porteiro do edifício onde residiam os prelados.

Na sua proximidade não teve que forçar perigosamente, até surgiu uma certa cumplicidade devido à proximidade com o entorno de O RENASCER.

Em todo caso, como garantia para sua tranquilidade, lhe deram uma soma de dinheiro mais que considerável.

Depois de consentir aos sequestradores a entrada no edifício, lhe colocaram entre o nariz e a boca uma substância que lhe fez perder a consciência durante umas horas.

Só houve tempo para indicar quais eram os apartamentos dos prelados para sequestrar antes de cair no sono.

Estes foram levados a um apartamento fora de Roma, ao abrigo de olhares indiscretos.

Foi mais simples que o previsto.

Os prelados seriam liberados após uma semana, sem que se soubesse nunca a razão de tudo isso.

Pelo contrário, a célula jihadista foi ativada por alguns aparelhos dos serviços italianos nos arredores de Milão.

Os jihadistas eram de nacionalidade turca e normalmente trabalhavam em cenários de importância geoestratégica.

Mas os verdadeiros inimigos não estavam entre as facções hostis dos monoteísmos, ou seja, entre Islã, cristianismo e correntes diversas em seus enfrentamentos, todo o qual correspondia frequentemente a jogos de separação interna para a conseguinte conquista por parte de alguns grupos em vários *estados*, entre os quais também estava Israel.

Os verdadeiros, os mais ameaçadores para a estrutura de poder neles instituída, eram aqueles que trabalhosamente se enfrentavam, até sua medula, com a matriz *jesuítica* de toda a sociedade, doutrina e instituição.

Se trata de fiéis, não de seguidores, de uma doutrina tradicional, daqueles que concebiam esse mundo *jesuítico* como um princípio de divisão, de falsidade, para justificar continuamente sua própria tomada de poder.

Em frente à sede da O RENASCER, denominada NOVA ITÁLIA, deveria ser construído um açougue.

O que, para os fins do califado, justificava em parte sua própria existência.

3.

Nessa tarde o tráfico era o habitual.

Turistas e peões enchiam a Piazza del Risorgimento, entre fotografias, discussões e andares velozes para chegar ao interior dos muros vaticanos.

A respeito de Larry Belfiori, os especialistas sobre o terreno eram três, eleitos minuciosamente entre todos os conhecidos que podia fazer durante sua carreira de agente.

O seu era um trabalho de absoluta precisão: não dar tempo aos terroristas para entrar em ação, para logo se afastar através das vias de escape que estavam dispostas para este fim.

Depois, alcançar uma localidade para logo embarcar num iate de volta a Londres levando a bordo os membros da O RENASCER e o bando de sequestradores.

Larry Belfiori ficaria na capital para libertar os prelados.

De posições ocultas e impensáveis para qualquer um, não foi dado tempo aos terroristas nem sequer para descer do veículo em que se encontravam: uma rajada fulminante e precisa de balas acabou na hora com os quatro.

Foram momentos agitados.

Depois dos quais veio a calma, a curiosidade, a descoberta embaraçosa e o dramatismo.

Durou pouco.

Imediatamente apareceu o fato de que eram terroristas prontos para entrar em ação.

E que alguém procedeu para salvar a vida de todas as pessoas presentes nessa praça.

Poderia ser um massacre.

Nesses momentos, estranhamente, não havia forças da ordem por ali.

Se alguém chegasse ao seu lugar esperaria um panorama muito diferente.

Esse alguém que começava a se sentir em perigo, só pelo fato de *saber*.

Na televisão e na imprensa se falou de agentes secretos italianos que cumpriram extraordinariamente o seu papel.

Mas o que sabia se calava e se fazia perguntas.

Paradoxalmente, neste cenário, algum dos serviços seria processado.

Outro processo que não requeria magistrados com vestimenta oficial, nem ministério público, mas sim apenas altas esferas de um circuito supranacional, composto por eminências grisalhas, famílias muito poderosas, que não perdiam tempo ao procurar os verdadeiros autores dessa inusitada revolta.

Nesse entorno, o que mais incomodava era o fato de que os serviços secretos italianos saíram vencedores, sobretudo em nível midiático.

Motivo pelo qual deixaram correr todo o assunto.

Um elemento a mais que se adicionava a uma tentativa de reconversão por parte de O RENASCER.

Não era tanto uma tentativa nostálgica deixar para trás os ponteiros do relógio de mais de dois mil anos, mas sim apenas o fato de revolucionar, de reconstruir as estruturas internas e interiores à sua verdadeira capacidade de entendimento, de modo que se pudesse criar de novo uma autêntica transmissão.

4.

*Conversa entre Arturo Magistri e Larry Belfiori – Londres,
Dezembro de 2019*

- A propósito do que estávamos dizendo, devo lhe dizer,
Mr. Magistri, que, se em tudo isto tenho alguma dúvida, é
um ponto que não tenho claro; a *Order of Supreme Sacrifice* é
algo que me tem intrigado nestes últimos anos, conseguimos
prender alguns deles, mas alguma coisa me diz que existe
mais, algo mais profundo, mais interno, com certeza
relacionado com pessoas ainda mais acima de qualquer
suspeita que gente como Tim Lobowicz, que no fundo
nunca decidiu falar a verdade, e principalmente seu pai, do
qual tendo a pensar que seja o motivo real pelo qual existe
este tipo de silêncio por parte do filho; um comportamento,
o de David Lobowicz, que ainda me surpreende.

- Suponho, Larry, que o senhor quer saber mais sobre esta
ordem, ou estou enganado?

- Na verdade, gostaria de saber qual é a sua impressão a
respeito.

- A *Order of Supreme Sacrifice*... digamos que tudo começou
com o fato de que nos foi dada uma missão e a
transgredimos frequentemente, com pequenos desacordos
ou maiores, esta missão, esta mensagem e Deus, ao que no
fundo não se pode considerar uma causa sobre efeitos e
circunstâncias, atuou, sem pretendê-lo ou querê-lo, de um
modo que gerou certo *mal,* pelo qual, sobre alguns segredos
ou acontecimentos de transgressão de nossa parte, pelo risco
de não ver mais, através de algumas etnias, uns efeitos
indesejados; e são nesses casos que nós, destas mesmas
etnias, vemos pelo contrário na atualidade respostas

ancestrais, que além disso tendem a alterar as relações de *poder* terreno, com métodos que formam uma unidade com esse tipo de *mal* derivado.

- Portanto, em especial, o da *Order of Supreme Sacrifice?*

- Podia me atrever a dizer que pertencem ao mesmo grupo dessas etnias que lhe contava?

- Qual é, portanto, sua origem ancestral, ou seja, quem a encabeça?

- Falamos principalmente de povos provenientes de onde agora podemos considerar com o nordeste da Anatólia, etnias que alguns acreditam que são de extração judaica, mas que no fundo foram apenas uma de suas infiltrações e ramificações.

- É portanto relacionadas com os povos semitas?

- Que fique claro que os conceitos de semitismo e antissemitismo neste caso não têm razão de ser, desde o momento em que determinados métodos vieram infiltrados e ramificados das próprias etnias, exatamente porque esses conceitos mais que outra coisa correspondem às identidades habituais ou linguísticas, dirigidas a criar uma fenda contínua e oportuna.

- Portanto os métodos são aqueles nos que sempre pensei: sacrifícios humanos, mutilações?

- Estes "assassinos do pai" podiam formar parte da mesma família ou natureza de Deus, mas elegeram para seu próprio interesse a parte negativa, diabólica, invertendo as figuras arquetípicas entre o divino e o humano, figuras úteis para a compreensão de um mesmo e posteriormente "se distanciando" desse centro luminoso que originalmente irradiava.

- O maior perigo não provém de sua invisibilidade?

- De fato, precisamente, sua *persuasiva* invisibilidade pode nos fazer acreditar a todos que certas coisas não existem, uma invisibilidade no interior de estruturas consideradas aparentemente como "iluminantes".

\- Ou seja?

\- Normalmente corresponde a seus adeptos realizar as orações ou os encantamentos, as evocações para obter vantagens: se vai querer sacrificar algo o, melhor dizendo, se vai querer realizar uma "venda", mais em especial com relação à uma alma...

\- Além do que que penso a respeito dos ritos e das formas que emprega esta seita da *Order of Supreme Sacrifice* e outras que me acaba de mencionar, acha que possa haver outras coisas nas que se aprofundar ou que ainda não falamos?

\- Ao ser uma seita difícil de identificar (certamente, o senhor não me surpreende com suas dúvidas) que chegou a ser como um circuito ou um círculo interno de algumas estruturas de poder e, tendo se infiltrado nas sociedades iniciáticas mais importantes, é provável que continue utilizando algum a estrutura legal por meio de alguns de seus médicos convertidos para realizar, por exemplo, *abortos* rituais, *sabás* coletivos em busca de propiciar encantamentos que respondam a exigências, problemas, desejos, completamente pessoais, mas mediante a utilização do macabro, do perverso, do diabólico; assim considero também o homicídio de crianças, os mais próximos à uma luta aberta com esse centro irradiador.

\- Me parece entender que hoje em dia seria impossível conseguir extirpar este *mal* em todos os seus aspectos, sobretudo por suas complexidades na cúpula: como sempre, terei que resolver caso por caso.

\- O que não é pouco, me escute; principalmente se exporia a certos riscos aparentemente inofensivos, mas muito mais imprevisíveis do que se possa pensar.

- Como por exemplo...?

- Enfrentar essa gente não significa se arriscar apenas do ponto de vista da ação em si; a verdadeira incógnita pode ser, até certo ponto, e se esses grupos quiserem, a de sofrer danos e perigos autênticos pelos encantamentos, as invocações devido a este tipo de *ritualizações*, o chamado *"mal olhado"*, mas não o que podia se exigir de uma simples feiticeira qualquer, e sim tais influências quase até o ponto de propiciar um terremoto o um cataclisma; em todo caso, teria que conhecer os antídotos, sinto que em todo caso e, ao contrário, os *sabás* do tipo divino e celestial capazes de poder abater, se estão bem-estruturados e são conhecidos, exatamente por serem solicitados desse centro irradiador, que desde que o mundo é mundo é o *pai* de todas as coisas.

FIM

AMORES CRIMINOSOS UMA MORTE SUSPEITA

Quem matou Margherita Romeo?

Era outono quando foi encontrado no interior de seu quarto o cadáver de Margherita Romeo, bela jovem de modos agradáveis e simples. As indagações dos investigadores centravam-se em um de seus admiradores, Matteo Canali. Este, ao tratar de explicar os motivos de sua distância do caso, acabará por enfrentar os aspectos mais evasivos do amor, do universo entre os dois sexos, das relações, das rivalidades e das consequências que o destino nos pode reservar.

1.

A convocatória diante do tribunal lhe poderia evocar
cenários similares aos veroneses e, tendo em conta os muitos
casos de crônica de acontecimentos que aqui e ali nos
telejornais, reportagens e revistas, o único pensamento de
acabar com um de tantos imputados que apenas depois de
um longo calvário se descobre que são inocentes, fazia que
se estremecesse.

Em seu interior, ainda que não coubesse nenhuma dúvida
de que não tinha nada a ver com a morte de Margherita, se
perguntava se bastaria com isso.

Uma cidade, Verona, onde tudo parecia ir mal.

Dia após dia, acontecimento após acontecimento.

E que voltava imperiosamente.

Para Matteo Canali, aquilo com Margherita Romeo tinha
sido um amor sofrido, perseguido e perdido.

Mas tudo isso bastaria para acusá-lo de um homicídio
atroz?

Além disso, alguém avançou na hipótese de que seu
repentino retorno à Roma foi organizado por ele mesmo.

Suspeita posterior que reforçou a acusação.

Se pensou em novas e imprevistas oportunidades no que,
sem dizer nada, no fundo fazia com que pensasse que sua
permanência em Verona já não era conveniente.

Mas eram apenas dúvidas do entorno que o rodeava,
iguais às que chegariam posteriormente, após a morte de
Margherita.

Uma vez na capital, se apressou a informar a quem devia,
quase orgulhoso e contente de poder voltar a falar de si
mesmo, sobretudo a respeito à algumas circunstâncias
relativas ao seu estilo de vida.

Até que chegou a trágica notícia da morte de Margherita, que parecia pôr tudo em dúvida outra vez.

Toda certeza, toda credibilidade.

- Conseguimos analisar completamente o telefone celular e o computador da vítima e, sobre o senhor, Canali, não encontramos nada em seu computador, apenas uma solicitação de amizade na rede social Facebook, algo que o senhor mesmo poderá nos confirmar que não foi atendida; mas no celular onde aparecem suas mensagens, até ser bloqueado no aplicativo WhatsApp, por causa de um comentário talvez considerado como grosseiro ou fora de propósito; que relação que o senhor tinha com Margherita Romeo é algo que nos deveria explicar: um pouco de como nasceu o seu desejo, se é que se trata de desejo, e por que logo Margherita Romeo, pelo que conseguimos saber, se voltou contra o senhor, quase até não querer saber mais do senhor.

- Tudo acontece em circunstâncias muito concretas: um atraso no trabalho (o único que tive), um *prato* que se quebrou em uma das salas do negócio onde estávamos empregados e, de minha parte, o fato de que esse acontecimento pudesse ter consequências em muitos sentidos; principalmente, na época da quebra do *prato,* para determinar melhor o que aconteceu; tirei algumas fotos que atestariam o que aconteceu, fotos que se esperava que eu tirasse que ela guardasse e enviasse a quem correspondesse, e como poderia ser enviada essas fotos se não fosse através de um celular, quando Margherita, por iniciativa própria, mostrou-se disposta a me dar o seu número para resolver a questão?

- Bem, resolvido esse problema, o senhor se aproveitou

de alguma maneira, além dos assuntos de trabalho, do fato de ter o número do telefone celular de Margherita?

- Como se pode comprovar nessas poucas mensagens, a primeira foi enviada um mês depois desse evento.

- Em um momento específico, o senhor quase se *declarou*, até então só havia referência às saídas organizadas em grupo, suponho que um grupo de trabalho, de colegas.

- Exato, é verdade.

- Poderia haver algum outro interessado em Margherita?

- Sim, algum outro, ao menos entre os colegas, efetivamente não havia, tratava-se de um colega albanês, Blend... Kelmendi, acredito que era esse seu sobrenome.

- Kelmendi... Blend Kelmendi, de quem temos suas mensagens e também suas conversas com Margherita no Facebook e, principalmente, diversas investidas, sem resposta, de convidá-la para sair, imagino que sem nenhum resultado.

- É verdade, falaram dele uma vez, mas não acredito que estivesse apaixonado.

- Então como acabaram as coisas, ou seja, o que aconteceu após a novidade? Os dois ainda se falavam, se viam alguma vez em específico?

- Sim, sempre foram bons amigos mas, para desgosto de Blend, não foram mais além, ele queria uma relação estável.

- Bem, isso eu o tenho claro, também porque, além desse período, sobre seu colega, nas redes sociais não vemos nenhuma novidade, ainda que seja verdade que deveríamos comprovar melhor em seu celular além das mensagens relacionadas à Margherita, mas pensaremos nisto mais tarde; em todo caso, e é Também outro dos motivos pelos quais ligamos, sobre o antigo namorado de Margherita, o conhecia? Tinha ouvido falar dele?

- Sim, era um sujeito pouco dado a sutilezas, ou ao menos isso me disse Margherita... o conheci, se demitiu justo quando eu entrei, creio que era de Gênova, mas se mudou para Veneza.

- Portanto não era a típica pessoa que perde a cabeça?

- Provavelmente entendia o amor como *posse* nos encontros com sua mulher, até o ponto de desencadear outras reações.

- E o senhor, Canali, quais foram os motivos de seu rompimento com Margherita?

- Tem diante de seus olhos as mensagens que a enviei; meu passo em falso nesta história foi o fato de que em um certo momento a fiz entender minhas intenções e ainda não entendo porque após alguns meses me tirou do seu WhatsApp, apenas por me mostrar mais afetuoso do que o normal; talvez também seja verdade que eu tomei tudo com muita ironia, minha volta a Roma, algumas coisas que não acabaram bem e talvez ela nesse momento não procurava um tipo de seriedade que conseguiu impor antes então, pelo fato de que depois de minha partida, de repente, senti ter perdido tempo e preferi acabar definitivamente; as últimas mensagens não eram de forma alguma grosserias ou dignas de receber uma resposta como essa e mesmo o namoro em nossos encontros é provável que tenha entendido de um modo menos sentimental, não tenho nada que me repreender, além das aparências paradoxais, são coisas que só ocorrem quando existe uma paixão por uma pessoa, inclusive o medo de perdê-la ou o arrependimento.

2.

Lhe disseram que estivesse disponível.

Pelo momento podia ir bem.

Assombrado, perplexo, Matteo se levantou da cadeira, deu a mão a ambos e lentamente foi até a saída do tribunal.

Estranhamente, não lhe fizeram mais perguntas sobre Mario Giotto, o antigo namorado de Margherita Romeo.

E justo quando deveria esperar um pedido de maiores detalhes sobre ele.

E, ao contrário, passaram a se despedir, dando a entender, além disso, que ele, Matteo, não tinha nada a ver com a morte de Margherita Romeo.

E os promotores sabiam, intuíram, a natureza da descrição feita por Matteo, sobre o caráter e o comportamento de Margherita Romeo; no fundo, Margherita Romeo "queria o seu" pelo prazer que encontrava no fato de que outros se reconheceriam, talvez, com Matteo não se sentia por isso a adequada, mesmo que, no final, bastava somente se comportar melhor e fazer mais algum esforço.

Margherita, entre outras coisas, sabia que suas amigas mais importantes, iguais à ela em beleza e idade, tinham, em todos os aspectos, namorados com os mesmos requisitos de Matteo; talvez quis se diferenciar, como se fosse um ato de força ou de predomínio dentro de um grupo.

Mas Matteo não se enganava ao supor que os promotores Grosso e Monti, lhe deviam fazer mais alguma pergunta sobre o antigo namorado de Margherita, sem deixar assim, como se sua pessoa não tivesse nada a ver com o caso.

E o motivo consistia no fato de que não lhes conviria falar de outra forma de Mario Giotto, para não revelar o pano de fundo real, evitando assim uma imprudente e possível fuga de informação.

Sim entenderam que Matteo o conhecia, mas que não tinha nenhuma relação direta com ele, nem de amizade, nem de dividir nenhum acontecimento.

Porque de Mario Giotto, de seus encontros com Margherita, estranhamente não encontraram nada, uma ligação, uma mensagem, um contato através do Facebook, nada, e isto era muito estranho, mesmo que, enquanto os promotores interrogavam sobre ele, Mario teve todo o tempo do mundo para desaparecer e fazer que se perdessem todos os seus rastros.

No Facebook não foi um problema, mas provavelmente nem sequer era inscrito, nem com um apelido ou um pseudônimo.

Também se podia eliminar suas possíveis mensagens do computador ou do celular de Margherita, mas uma meticulosa análise da memória remota dos aparelhos não revelou contato algum entre eles.

Pais e amigos, que sabiam que viviam por conta própria, achavam que nesse 23 de setembro (dia da morte de Margherita, encontrada com a garganta cortada dentro do seu quarto) Mario estava em uma de suas viagens, que ele gostava tanto de fazer, frequentemente também com Margherita.

Rodeados por um clima de suspeita no limite da *omertà*, pareciam não entender o que tinha acontecido.

Mario Giotto costumava mudar de emprego, não sendo exatamente o último que conheceu Margherita, com quem se comprometeu.

Após um ano, algum tempo depois de sua relação com ela, pediu demissão do emprego.

Relação que, entre fases alternadas e dúvidas repentinas, foi Margherita quem terminou, após passar um breve fim de semana em Londres.

E inclusive havia meses, que incluíram aqueles em que Margherita conheceu Matteo, a relação entre podia ser considerada definitivamente acabada.

Ou só menos aparentemente.

De fato, corria o boato de que Margherita, no fundo, ainda o amava, mas que ele a havia manipulado muitas vezes.

Ele se tornou incontrolável.

Não se soube nada mais de Mario, salvo que voltou a Veneza e talvez também ele, ao não ter nenhum problema com ela até o final, ainda a amasse, mesmo que pudesse guardar no fundo de seu coração algum rancor ou ressentimento, que pudesse desencadear alguma vingança ou gesto extremo, um fato que os promotores começavam a tomar seriamente em consideração, tendo também e principalmente em consideração à sua repentina indisponibilidade.

3.

Uma questão de pistas e informações.

Nenhum resto de Mario Giotto sobre o corpo de
Margherita, não se encontra a arma do crime, nenhuma
vizinha de Margherita que possa ter certeza quando trocou
exatamente o cartão telefônico e o celular.

Nenhuma informação a respeito, tampouco por parte de
seus familiares e amigos.

Margherita, originária da província de Salerno, mas
nascida e criada em Verona, costumava viver por conta
própria, em apartamentos divididos com outros jovens.

Há anos, desde que entrou no mercado de trabalho, tinha
deixado a casa de seus pais.

E não parecia se interessar por nenhuma das compras que
fazia, ainda que fosse a substituição de um celular.

O dia em que foi encontrado seu cadáver estava em seu
quarto e, na suposta hora do crime, estava sozinha em casa.

O assassino entrou pela porta principal, sem deixar
nenhum vestígio.

É possível que tivesse uma cópia da chave, porque não foi
encontrado na porta nenhum sinal de arrombamento.

Um fato que reforçava a hipótese de que quem matou
Margherita foi uma pessoa que conhecia bem esse
apartamento e, portanto, conhecia sua vítima.

Quem podia ser, se não Mario Giotto?

Quem podia conhecer qualquer movimento nesse
apartamento e planejado tudo?

Nesse momento, para os investigadores, só ficava uma
dúvida: se havia sido um homicídio premeditado, planejado
até seus mínimos detalhes, por que estar ilocalizável, dando
lugar a suspeitas e, acrescentando à isso, nessas

circunstâncias, quase naturais?

Tinha algo que não encaixava.

Tinha que ter algo mais.

Um impulso fez que o homicida, ou se tirou a vida no mesmo lugar do delito, ou não foi muito longe; mas um homicídio premeditado devia carregar sempre, por parte do homicida, uma valorização do risco para não ser descoberto e frequentemente idealizar a própria ação do delito e o fato de planejar uma posterior restrição para evitar qualquer responsabilidade entraria nestes fatores; e nesses casos o homicida não costuma fugir, mas sim, racionalmente, trata de confundir quem os cerca, de modo que ninguém possa suspeitar de nada ao falar com ele, a única dúvida que persistiria após o homicídio seria uma eventual reação à *dramatização descoberta* do fato, ou seja, se este ficar preso a um temor imprevisto, até o ponto de colocá-lo na situação de fugir inesperadamente; e esta segunda hipótese, para os investigadores, era então à mais provável.

Nesse momento, sobre quem rodeava Margherita, amigos, colegas, familiares, simples conhecidos ou inclusive possíveis admiradores, não existia nem a menor suspeita.

Os investigadores, que então se perguntavam como uma jovem do calibre de Margherita Romeo havia perdido a cabeça, ou ao menos havia se apaixonado e havia tido uma relação durante mais de um ano com um indivíduo como Mario Giotto.

Então se investigou mais (Não podia ser de outro modo) o passado do suspeito do homicídio, descobrindo que durante uma grande parte de sua vida, não desprezou, e inclusive às vezes quase abusou de substâncias entorpecentes (especialmente cocaína) e a este consumo se devia suas repentinas mudanças de humor que, como afirmaram amigos e colegas de apartamento de Margherita, caracterizaram a relação que teve com ela, um fato pelo qual inclusive se torna sensata, sobretudo inicialmente, tratando de encontrar uma solução para tudo isto.

Mas, particularmente (e nisto os testemunhos dos amigos mais próximos de Mario Giotto foram úteis, porquanto, desde o início e em defesa de seu amigo, se mostraram reticentes em colaborar) foi descoberto que Mario, para poder se permitir a certos vícios inevitáveis, recorria a jogos de azar (algo que também pode ser considerado um vício), recurso que empregaria menos durante o período que esteve com Margherita, mas do que Marco Grosso e Ricardo Monti não deixariam de gostar de saber se logo ele retomou, assim como o consumo de entorpecentes; diante da incógnita de uma inexplicável ausência, o endereço no qual deviam direcionar as investigações tinha sido nesse momento exatamente esse, mesmo que sobre o período posterior à relação com Margherita se soubesse pouco ou nada.

Saint-Vincent, San Remo Veneza, Campione d'Italia e todos os salões de pôquer e máquinas caça-níqueis de Verona e Veneza foram procurados em busca de informação para encontrar um eventual celular concreto relacionado à figura de Mario Giotto.

Mas também não podiam ser excluídos as casas de jogos clandestinas.

Entretanto, a caça ao homem já havia começado de todo modo e os investigadores consideravam o quanto antes as possíveis pistas.

Na verdade, desde aquele 23 de setembro, havia passado apenas cinco dias.

E a investigação ainda estava completamente aberta.

4.

- Ainda existem coisas que não estão claras, então voltamos a lhe chamar, Canali, para saber mais sobre o seu relato.

- Sobre Margherita ou sobre mim, exatamente?

- Não temos clara sua fuga imprevista de Verona, que se deu meses antes do crime.

- Vá em frente, estou aqui, não tenho nada a esconder.

- Bem, soubemos por outros colegas seus que o motivo do seu repentino retorno à Roma foi pelo fato de que, de repente, o senhor ficou sem casa: poderia me explicar as circunstâncias que lhe levaram a uma solução tão drástica, tão repentina?

- Que fique claro, é algo que ainda não entendo, no sentido de que, sobre o que ocorreu, em todos os sentidos, não consegui ainda encontrar respostas claras e não consigo saber o porquê.

- Se deveu a um impulso momentâneo, a algo emocional?

- Não, acredito que, nesses momentos, apesar do cansaço, devido talvez a uma paixão da qual já falamos, foi sobretudo a consciência devida à uma série de circunstâncias que, uma atrás da outra, não chegaram a encaixar, como se disséssemos uma fase de má sorte, no sentido de que, pouco a pouco, tudo parecia destinado a ir mal; até que vi obrigado a ir embora de casa, de forma imprevista, sem ter a possibilidade de remediar, ou seja, sem poder pedir ajuda ali.

- Me fala então do problema principal que não lhe permitiu ficar em Verona, foi a casa ou outra coisa?

- Verá, ao estar acostumado até poucos meses a não ter problemas de natureza econômica ou pelo menos podendo contar com meios como uma moradia ou um carro, encontrar-se de repente sem nada disso obriga a tomar decisões difíceis, exatamente por serem imprevistas, relacionadas ao fato de ter que pedir ajuda, não somente às pessoas que conhece melhor... que nesse momento eram familiares mais próximos, com quem me sentia encorajado para lhes pedir uma ajuda econômica para permanecer em Verona, onde me instalei provisoriamente em um hotel, tratando de resolver meu enésimo e imprevisto problema; diante de qualquer problema, experimentei todas as possíveis soluções.

- Então, porque não lhe foi possível encontrar uma moradia? Em especial, a quê se refere exatamente quando diz que experimentou tudo sobre esses múltiplos problemas.

- O apartamento foi a causa principal de todos os problemas, e me explico: eu gostava da decoração, da estrutura, era o melhor que eu nunca tive, com um bom preço, também por não ter um contrato formal.

- Além disso? Mas continue.

- Sim, quero esclarecer que algo assim não *traz* nada bom.

- Pelo fato de não assinar um contrato?

- Sim, é algo que eu não aconselharia a ninguém, mas, quanto à mim, lamentavelmente o meu era um caso ditado pela necessidade, não tanto de natureza econômica, mas pela falta de tempo.

- Ou seja?

- Tentei encontrar uma casa próxima da agência em que ia começar no meu novo emprego.

- A agência de ajuda e venda online?

- Exatamente, recorrendo também e inicialmente à procura de que me deixaram ficar em um apartamento dividido com outros inquilinos; mas, seja por decisão dos proprietários, por um sentido de *precedência* sobre outros interessados, seja por minha própria decisão por achar os arrendadores pouco confiáveis ou pouco apresentáveis, não encontrei nada, recorrendo então a um apartamento não muito longe da agência na qual ia trabalhar, em uma região bem conectada e que teria um contrato formal; mas nessas circunstâncias o problema foi que o proprietário me ligou três dias depois da data de início do trabalho, data na qual, de acordo com minhas intenções, já teria que ter uma casa, casa que entretanto já tinha, de todo modo. O apartamento em questão, o que decidi pegar com urgência, estava completamente distante do transporte público, em uma região residencial fora de Verona, o que faria com que qualquer problema com o veículo que então possuía, um Smart 600, me criaria não poucas dores de cabeça.

- Me parece entender que os problemas começaram pela incômoda localização da casa. Por que não preferiu esperar?

- Porque um apartamento como esse, que em todos os seus aspectos estéticos e de conforto estava mais do que bom, não se podia imaginar que alguém encontraria determinadas consequências...

- Que no entanto apareceram...

- Consegui um carro, um Smart 600, ao qual passei o seguro que já tinha, e em uma manha cedo em meados de dezembro, quinze dias depois de sua aquisição, por culpa de uma placa de gelo em uma curva um tanto perigosa, ainda que eu fosse rápido, acabei fora da estrada ou, melhor dizendo, e para minha sorte, apenas bati contra um poste de iluminação, sem sofrer nenhum dano físico, mas houve danos graves na dianteira do veículo; um fato que me obrigava, naquele momento, a usar outro veículo sem seguro, que deixei estacionado nos arredores da agência em que trabalhava; quando saí do trabalho já não estava, porque os policiais levaram por não ter seguro, me avisando por telefone depois. Então tive que pagar a multa para retirá-lo e logo botá-lo à venda depois deste incidente e, como se fosse pouco, em aproximadamente um mês, o outro também quebrou e o tempo de conserto ia ser em torno de duas semanas de espera, sem falar no fato de que não era vantajoso repará-lo, então peguei uma bicicleta e depois uma scooter de 125 cc, que não me custou muito, mas que estava em ótimas condições; só que pouco mais de um mês depois de comprá-la ela foi roubada e tive que voltar à bicicleta, percorrendo uns 16 km todos os dias e por isso tratei de mudar de domicílio.

- Meu Deus, a má sorte lhe perseguia.

- Em um ano e meio, perdi cerca de 15 quilos sem grandes esforços e, no fundo, não foi uma coisa ruim, esse não foi o problema.

- Deixe-me adivinhar, então o senhor já se encontrava no norte da Itália antes de começar a trabalhar na agência de Verona?

- Sim, para não voltar à casa dos meus pais, na região turística de Ravenna, onde trabalhava para outra agência, decidi ficar para continuar com outra agência em Verona, pois as condições eram muito diferentes: ao contrário que em Marina di Ravenna, não podia alugar um apartamento colocado à minha disposição pela empresa, o valor era muito inferior, não tinha tarefas de responsabilidade e, de todas as maneiras, não nego que permanecer na Romagna, tais como foram as coisas, poderia ser uma das causas pelas quais em Verona encontrei todos esses problemas.

- Me esclareça o que quer dizer.

- É fácil achar que um trabalho desse tipo, em certos aspectos, tem um atrativo quase irresistível, principalmente para alguém como eu, acostumado a morar em entornos similares.

- Pensaria em um lugar, Ravenna, como o resultado de uma "distração", é isso?

- Eu não falaria de uma distração real, mas essa é a ideia: eu deveria ter aplicado mais moderação e seriedade, curtir menos a vida noturna, que me deixava poucas horas de sono, mas o problema apareceu principalmente ao acabar o contrato: devia deixar o apartamento, mas pelo fato de que alguns colegas se despediram depois de mim fez com que me decidisse ficar mais uns dias, para que fosse mais fácil me organizar para o trabalho em Verona; algo talvez um tanto arriscado, mesmo alguém melhor "conectado" pediria permissão de todo modo mas, em todo caso, descobriram diretamente na sede central, pois o verdadeiro motivo foi um aviso de sua parte, que consistia no fato de que sabiam que preferi uma agência de Verona, frente a uma proposta incerta que me fizeram ao acabar o contrato, proposta que seria um trabalho fixo a ser realizado em um lugar incerto, trabalho que precisaria de exame de admissão com requisitos particulares e, de todo modo, pior pago a respeito do serviço ali desempenhado, um fato pelo qual eu, após comparações oportunas, escolhi a opção segura, ou seja, a de Verona, e foi exatamente essa situação sobre os alojamentos de sua propriedade a única razão que me fez achar ter que "pagar" posteriormente por alguma coisa, em relação à casa; e quanto à Verona, pelo que se referia ao trabalho, apesar dos problemas que encontrei lá, devo dizer que, como conduta e espírito de serviço, desde o primeiro ao último dia, nunca tive nenhum problema é ninguém nunca achou que as coisas seriam dessa forma, nem eu, nem ninguém.

- Bem, que acrescentar algo mais? Colocaremos tudo nas

atas.

- Apenas uma coisa; se tivesse que "pagar" alguma coisa, acredito que houve uma justiça que seguiu o seu curso além do aspecto comum das coisas, não queria que me arrastasse agora sobre todos estes fatos, agora que, sobretudo, após voltar à Roma, pude conseguir uma quantia de herança através do meu pai e ter moradia, carro e também trabalho.

- Atualmente comanda um *bed and breakfast*, não é mesmo?

- Por parte de meus familiares, o considero quase como uma infernos por perdas e danos, tanto morais como materiais, devido à uma série de vicissitudes passadas que agora seria complicado ter que explicar em poucas palavras; que motivo eu teria para atacar uma jovem por quem realmente sentia algo e por quem, no fim das contas, definitivamente não me sentia rejeitado?

- Mas você não me disse o que aconteceu após deixar o apartamento de Verona, porque se encontrou em uma situação de abandonar tudo, inclusive o trabalho? Por que em seguida, em uma explicação seus responsáveis de então: percebe que tudo isso tem o aspecto de uma fuga inexplicável e sem motivos?

- Mas os responsáveis deveriam saber.

- Não cabem dúvidas, mas agora nós também queremos saber.

- O proprietário dessa casa, que era também o vizinho, não reagiu bem, pois normalmente tinha problemas para alugar, porque não assinava contratos, o que, para ele resultava, em termos de continuidade, ser um bom negócio, uma "venda" segura: aluguei um veículo para a mudança, mas quando fui pegá-lo (outra "piadinha") não me foi possível retirá-lo pelo meu nome não estar impresso no cartão de crédito; outras vezes, o proprietário, ao me ver em dificuldades, por não ter um carro, scooter ou bicicleta, se mostrou disposto a me acompanhar à parada mais próxima para que eu chegasse a Verona de ônibus e inclusive uma vez pedi a ele para mudar o pagamento da mensalidade do dia 15 de cada mês diretamente ao dia primeiro e ele aceitou sem impor condições, sobretudo diante da perspectiva de um futuro ressarcimento da quantidade correspondente à esse período, devido ao fato de que nesse mês tive imprevistos nos quais não havia pensado e, quando decidi ir embora, disse que pagasse de imediato esses 15 dias de uma forma bastante incômoda, sem nunca ter falado em uma indenização e se mostrou disposto a me acompanhar, mesmo que desta vez a condição de que eu desembolsasse certa cifra, pelo que esperaria até a mudança, pois não haveria outra maneira, salvo talvez pegando um táxi, mas era questão de horas, porque em seguida eu também tinha que ir pro trabalho.

- O senhor deixou a casa em boas condições?

- Seria inútil dizer que o que me deixou perplexo foi exatamente o fato de manter a casa sempre em boas condições mas, por outro lado, os motivos eram muito diferentes.

- O que quer dizer?

- Na nova casa, incrivelmente, se anulou tudo, e quando encontrei a maneira de levar a bagagem ao seu lugar, com muitos cumprimentos "amargos" nos encontros com o proprietário da já antiga casa: desci ao jardim, o deixei ali esperando até que me aproximar dos arredores das janelas que davam para o próprio jardim e notei ali alguns escritos similares aos dos selos; nesse momento tentei perguntar aos vizinhos o que aconteceu, enquanto chamava o proprietário

do imóvel; os vizinhos não souberam me dizer nada e eu
não encontrava o proprietário. Após duas horas, coincidindo
com o tempo que eu tinha para ir ao trabalho, decidi pegar
um táxi com toda a bagagem e ir para o hotel mais próximo,
encontrei alguém e expliquei o que havia me acontecido.
Depois perguntei ao dono do hotel se conhecia o
proprietário do imóvel no que eu devia ter começado a
morar e ele me disse que sim, que o conhecia, que era um
boa pessoa, mas frequentemente se metia em confusão. Por
sorte, no trabalho, era sempre igual: alegre, concentrado,
ativo. A decepção de não poder morar nesse apartamento
não foi tanta e assim seguir com minha vida em Verona, o
que não era pouco, como a negação do meu pedido nesse
momento de voltar ao apartamento do qual fui inquilino até
algumas horas antes ou pelo menos até deposição do
depósito "equívoco" e, principalmente, a decepção e a
amargura porque precisava da reintegração por razão da
urgência já apresentada e, apesar de que, em geral, deu mais
problemas nesta casa a este inquilino que este inquilino ao
proprietário, salvo no caso do curto atraso dos pagamentos
do dia 15 ao primeiro dia do mês, algo que já tínhamos
esclarecido suficientemente antes, pelo qual só tinha que ser
resolvido, quando muito, nas prestações finais.
  - E com o proprietário da nova casa, imagino que antes
da mudança foram entregues os depósitos.
  - Se negou a formalizá-los e se desculpou, mas por
motivos de natureza jurídica, e me disse que era impossível
me devolver o depósito a curto prazo, tomei a palavra mas,
que fique claro, dois meses depois ele me restituiu e eu não
pude dispor desse depósito até depois de dois meses, pelo
qual me manteve no hotel em que estava alojado
provisoriamente, com a dúvida se me roubaram ou algo

assim e procurando pelo menos um quarto duplo, algo que foi impossível até que, após dois dias, em uma manhã, com grande pesar, peguei o primeiro trem para casa.

- Até aqui, também acho que entendi os motivos, mas a pergunta é pertinente: por que não se deixou ajudar, por exemplo, pelos seus familiares? Por que não falou com alguém?

- Aos primeiros sinais desse período não muito afortunado...

- Perdão?

- Não falava com ninguém, mas tive de imediato a impressão de que este tipo de circunstâncias eram propícias, por isso deixei acontecer, e devo dizer que durante uns dois meses não estive tão mal e, além disso, também via as pessoas no trabalho. E também se interpunha um senso de privacidade pessoal, quase de pudor, pelo fato de ter acontecido em um período tão breve de tempo de uma condição de bem-estar, de ganhos ou enriquecimentos únicos e contínuos a um tipo de dificuldade imprevista, não apenas de natureza econômica...

- Bem, acredito que agora pode bastar, esteja disponível, entraremos em contato com o senhor e de todo modo obrigado pela atenção.

5.

Fora os oficiais Marco Grosso e Riccardo Monti, lhe estava esperando no aeroporto um grande grupo de policiais.

Mesmo que, no fundo, sobre sua periculosidade concreta, não teriam muito com o que se preocuparem.

Viam elas com uma pessoa à procura de proteção.

E talvez em posse de um celular falsificado.

Mas de todo modo teriam que esperar quem se devia, para se aproximar ao máximo possível da verdade.

Por isso Mario Giotto se entregou.

Não resistiu.

Se entregou através da embaixada italiana em Lisboa, às autoridades locais.

Pedindo que o extraditassem à Itália.

Desde o dia 23 de setembro havia passado dez dias.

Um homem arrependido do seu ato criminoso? Talvez.

Logo ficou pronto para os interrogatórios.

Devido a isso, por parte dos investigadores e, desde o aeroporto, a prudência era ser portanto uma obrigação.

Mas para alguém, só o seu retorno, que apareceu nos jornais e televisão, foi um sinal de algo que lhe colocaria em dificuldade e que teria que se preparar o quanto antes, antes que algumas informações chegassem aos ouvidos de pessoas que nunca deveria ter conhecido.

A viagem era a ultima coisa que o preocupava.

Mario Giotto era um homem doente.

Dependia de seu vício, que o levava a tomar determinadas decisões.

Ou talvez era algo mais.

Talvez nesses meses refletiu sobre o fato da interrupção

de sua relação com Margherita ou talvez os motivos estavam ligados também a outro tipo de coisa, que estaria disposto a revelar.

Imediatamente após sua chegada, os agentes antidistúrbios facilitaram-lhe a passagem ao interior do aeroporto para levá-lo ao furgão e dali à delegacia.

- Olha, consideramos você um assassino, sobretudo depois de se entregar, e você é o único que foi realmente investigado até o momento, então esperamos suas explicações. – Foram as primeiras palavras do delegado Riccardo Monti.

- Não é fácil para mim, mas acredite em mim.

- É tudo culpa minha, como pude... – Entre lágrimas, Mario Giotto iniciou seu depoimento - mas não fui eu – continuou – só não acreditava que as coisas acabariam assim.

O inspetor Marco Grosso interveio:

- Se acalme e nos diga bem porquê, como tinham que acabar? Tranquilize-se e...

- Perdi a cabeça entre a cocaína e o jogo, não acreditava que uma dívida se transformaria em uma tragédia.

- Você disse uma dívida? – Replicou Marco Grosso.

- Exatamente, eu frequentava casas de jogos, no fim das contas, sempre frequentei, inclusive nos períodos mais tranquilos de minha vida, só que ultimamente usava o proveniente dos ganhos para comprar drogas e bastava com que não tivesse ganhos... pelo qual sabia que entraria em crise quando deixasse de ganhar e me endividasse com os jogadores.

- Pediu dinheiro a alguém?

- Os únicos que se mostraram dispostos foram um grupo de albaneses.

- De que parte da Albânia? Nos interessa saber.

- Eram kosovares, sem dúvida, quase que se orgulhavam disso.

E então?

- Em certo momento me mostraram a coca que não me pude permitir, para resolver o problema da dívida, procurando assim me instigar a recuperar o dinheiro.

- Em quanto se endividou?

- As últimas dívidas oscilavam em torno dos 6000 euros.

- Ah...claro, uma cifra complicada para alguém em sua situação... mas o que tem de Margherita?

- Para que não me matassem, em certo momento... deveria saber... é normal nestes ambientes entregar o que se tem, inclusive a mulher.

- Mas por que Margherita? Já não estavam juntos!

- O problema era que guardava comigo a chave de seu apartamento... fiz uma cópia por segurança, só para mim, porque costumava perdê-las.

- Suponho que daria elas aos kosovares – interveio o delegado Riccardo Monti.

- Era o acordado para que me deixassem em paz, mas não me deram a entender que se trataria apenas de sexo.

- Por isso você estava em Lisboa?

- Vejo que já entendeu, delegado.

- Mataram ela porque você fugiu, não?

- Após saber da notícia nos jornais, tratei de encontrar uma solução para ficar em Portugal mas, devido ao meu vício, já não tinha mais dinheiro.

—   Por que não veio de imediato a nós para denunciá-lo? – replicou o inspetor Marco Grosso.

- Já sabe, nesses momentos... é como em um partido, enquanto haja um mínimo de esperança...

- E em Portugal, nesse momento, ao saber da morte de Margherita, você tinha as horas contadas... – continuou nervoso o delegado Riccardo Monti.

Por um momento, os dois investigadores se afastaram para discutirem o que fazer.

- Vamos mantê-lo sob observação em uma cela, em seguida o entregamos aos médicos e quando voltar o chamamos para identificar os kosovares, tenha cuidado, que *estes o matam.*

6.

Mas, como era previsto, principalmente para os investigadores, seria ingênuo pensar que, ao investigar o homicídio, a quadrilha de kosovares não considerar possíveis repercussões.

Não havia provas nem nenhuma pista das pessoas identificadas por Mario Giotto.

Tudo isto indicava que foram eles que levaram a cabo o homicídio.

Só teriam a tarefa de despachar, em termos econômicos, o caso Giotto.

De todo modo, foi aberto um processo e uma investigação sobre eles, mesmo que contassem com advogados de certo prestígio.

Também foi descoberto que gozavam de certa proteção por parte de elementos do Estado, principalmente em diversos corpos das forças da ordem, no que se referia ao controle de certos fluxos migratórios do sudeste da Europa, que frequentavam as casas de jogos.

Mas um morto era sempre um morto e isso fez descobrir muitas pessoas e interesses.

Ninguém ia querer ter nada a ver com isso.

Marco Grosso e Riccardo Monti, em certo momento, não podiam acreditar nas palavras dos advogados dos kosovares: sua investigação ser direcionada mais contra seus colegas do que outra coisa.

E talvez com um pouco mais de tempo se encontraria a maneira mais adequada de intervir nesse assunto, sem complicar a natureza de certas equipes.

Mas não seria difícil na verdade que um caso assim acabasse esquecido para logo voltar à rotina de sempre.

Já eram sabidos os tempos e as profundas vicissitudes da justiça e a realidade italianas.

Era isso o que os kosovares e seus advogados destacavam.

Igual a respeito de Margherita Romeo, de Mario Giotto só ficou uma lembrança: coincidindo com sua transferência de uma instituição de cura a outra, viu uma janela aberta em um andar do edifício, escrevendo assim a palavra *fim* em seus próprios tormentos.

www.ingramcontent.com/pod-product-compliance
Lightning Source LLC
Chambersburg PA
CBHW071624150726
48000CB00004B/1873